POWER ⏻

CB057039

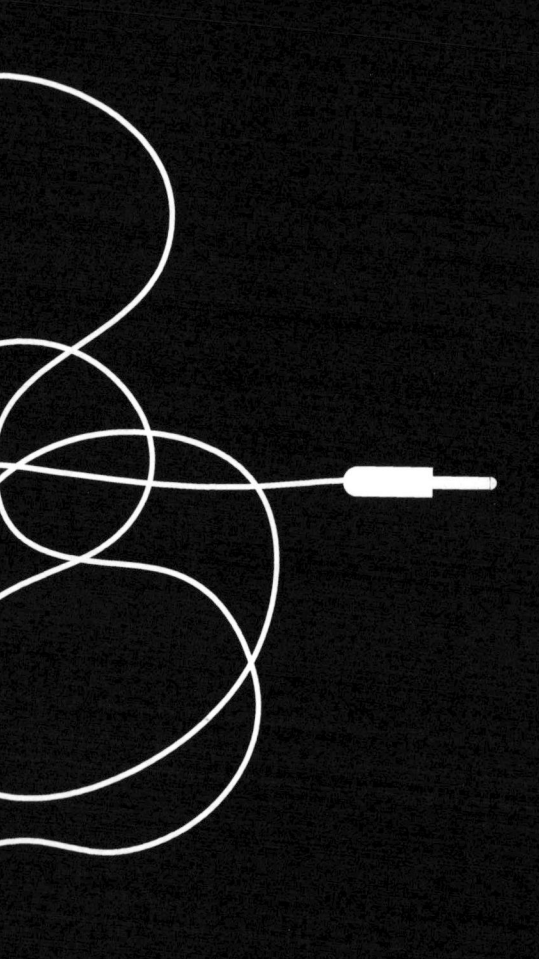

A PERFORMANCE DO SOM

GUILHERME
CASTRO

A PERFOR MANCE DO SOM

Produção e prática
musical a partir
do conceito de
sonoridade

© Guilherme Castro, 2017
© Quixote+Do Editoras Associadas, 2017

Conselho Editorial
Alencar Fráguas Perdigão
Cláudia Masini
Luciana Tanure
Thásia de Medeiros

Revisão
Elisa Santos
Cláudia Masini
Luciana Tanure
Thásia de Medeiros

Preparação de originais
Elisa Santos

Projeto Gráfico
Ricardo Portilho
Entrecampo

Catalogação na Publicação (CIP)

	Castro, Guilherme
C355	A performance do som: produção e prática musical a partir do conceito de sonoridade / Guilherme Castro ; fotos do autor. - Belo Horizonte : Quixote+Do Editoras Associadas, 2017. 99 p.: il. fot.
	ISBN 978-85-66256-19-2
	1. Teoria musical 2. Música - instrução e estudo I.Título.
	CDD: 780.7

Bibliotecária responsável: Fernanda Gomes de Souza CRB-6/2472

Dedicado a meus pais,
Moema Augusta Soares de Castro
e Amaury de Castro (in memoriam),
por tudo;

Laysa Maria Akeho, pelo amor,
carinho, paciência e incentivo.
Gael Jun Akeho de Castro,
pelo novo sentido em minha vida.

AGRADECIMENTOS

Agradeço aos professores Dr. José Eduardo Ribeiro de Paiva e Dr. Sérgio Freire, pela serenidade e compreensão do processo que envolveu a elaboração deste trabalho.

Minha gratidão a John Ulhôa, pela gentil cessão de seu tempo e experiência para a realização da entrevista e a todas as pessoas que participaram, contribuindo para a realização deste livro direta ou indiretamente.

DESTINO

Ah, se minha vida fosse um pouco mais sincera
O que eu diria a ela?
– Por favor, cuide de mim.

Ah, se algum dia eu fosse mais do que eu era
O que diria a vida bela?
– Por favor, sejas assim.

E o que vier a acontecer
Servirá de inspiração
Para a constante mutação
Do início até o sem fim.

E o que vier de sensação
Deixarei por ocorrer
Para o destino se fazer
e se criar dentro de mim.

Ah, se toda vida pode ser um pouco mais bela
Por que não dizer a ela:
– Por favor, sejas assim...

(SOMBA, 2007)

SUMÁRIO

17 PREFÁCIO

25 INTRODUÇÃO

35 SONORIDADE: CONCEITO E CONSTRUÇÃO

97 O SOM GRAVADO E A MÚSICA POPULAR

129 PRÁTICA DA MÚSICA POPULAR PELA SONORIDADE

179 CRIAÇÃO MUSICAL E PRODUÇÃO

231 CONSIDERAÇÕES FINAIS

243 REFERÊNCIAS

PREFÁCIO

No decorrer do século XX novas modalidades vieram se associar, nem sempre de maneira pacífica, a práticas musicais já culturalmente estabelecidas de performance vocal e instrumental, de criação e de sua difusão. Algumas delas passaram a integrar nosso cotidiano sonoro-musical, tais como o canto ao microfone, a utilização de instrumentos eletro-eletrônicos, novas misturas sonoras possibilitadas pela amplificação, a escuta e o consumo de músicas gravadas. Some-se a isto o crescente interesse dedicado à criação musical a partir de sons sintetizados ou de amostras sonoras das mais variadas fontes. Vale lembrar também a importância dada por Pierre Schaeffer à escuta, elevando-a à categoria de uma prática musical autônoma. Segundo ele, frente aos alto-falantes, o ouvinte musicista "escuta o som como se o fabricasse", "trabalha seu ouvido como o outro trabalha seu instrumento".

Guilherme Castro se vale de todas essas influências para desenvolver um referencial teórico capaz de dar conta da heterogeneidade de elementos que entram em jogo na produção de canções em estúdio. As ferramentas tradicionais da análise musical, fundadas sobre uma boa dose de abstração dos elementos e estruturas musicais, são claramente insuficientes para tal tarefa, já que aqui diferentes elementos - de caráter concreto e muitas vezes não generalizável - também desempenham um papel fundamental. O principal conceito desenvolvido é o da sonoridade, entendida aqui de forma ampliada, de modo a dar conta tanto de características acústicas e técnicas quanto culturais e simbólicas dos sons musicais. A esta prática baseada na sonoridade o autor dá o nome de performance do som.

Gostaria de ilustrar esta performance do som a partir de algumas pretensas oposições conceituais que, apesar de sua inadequação, são ainda largamente utilizadas: reprodução x produção, meio x mensagem, forma x conteúdo, ao vivo x gravado, etc. Pois acredito que é exatamente a imbricação desses polos que propicia o surgimento da performance do som. Já nos primórdios da gravação mecânica, adaptações instrumentais e rearranjos espaciais dos grupos musicais, visando obter uma melhor captação sonora, testemunham claramente contra a ideia de uma documentação «neutra». Mesmo com o aperfeiçoamento contínuo de toda a aparelhagem de gravação, cuja fidelidade costuma ser destacada como sua maior qualidade, nota-se que boa parte das escolhas feitas por músicos, técnicos e produtores vem da "coloração" que elas fornecem a determinadas fontes sonoras: assim, determinados microfones são considerados mais adequados para certos tipos de vozes e instrumentos, e o mesmo acontece com gravadores, processadores, amplificadores, alto-falantes e demais elementos da cadeia eletro-acústica. Ou seja, eles passam a integrar a marca sonora específica de instrumentos, músicos e grupos musicais, em diferentes épocas e regiões de nosso planeta.

Minha primeira audição do CD Homônimo, do grupo Somba, aconteceu dentro de um carro em movimento, em meio aos ruídos de trânsito. Mais tarde, escutei em casa, com fones de ouvido. E devo dizer que percebi coisas muito diferentes nessas duas situações. A audição em condições menos ruidosas me trouxe dúvidas sobre as reais intenções e mensagens das canções: seriam as melodias cantadas e seu acompanhamento, ou seriam as sonoridades finamente trabalhadas de modo distinto em cada uma delas? Aos poucos me convenci de que não dá para separar as coisas desse modo, e de que na verdade ambas as partes se influenciam mutuamente como meio e mensagem, como conteúdo e forma, sendo partes inseparáveis dessa modalidade de criação musical, podendo o ouvinte escolher ou transitar entre diferentes modos de escuta. Esta mesma argumentação pode ser aplicada à ambientação sonoro-musical construída em Gastrophonic.

Não seria então a performance do som um dos grandes fatores responsáveis por fazer com que nossa audição de uma gravação musical ganhe os contornos de uma escuta "ao vivo"? Este complexo "instrumento" denominado estúdio, tocado coletivamente por diferentes tipos de músicos, é certamente capaz de proporcionar, através de sua expressão unicamente sonora, uma experiência musical completa. É este o convite que nos faz Guilherme Castro.

— Sérgio Freire

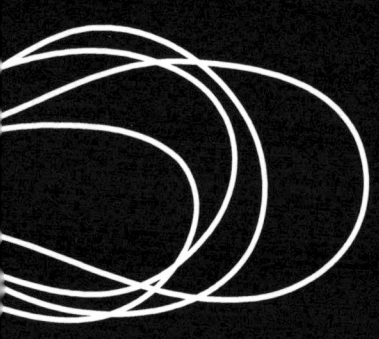

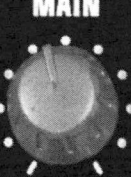

INTRODUÇÃO

Produtor: – Não sei, cara, acho que está com muito *punch*... penso que essa música tem que ser mais vazia, delicada, dando espaço para as coisas acontecerem, senão fica muito *over*...

Músico: – Mas... o que exatamente? A guitarra está muito pesada? A bateria?

Produtor: – Acho que um pouco de tudo. A bateria podia ser mais leve. Talvez seja melhor eu mudar a posição do microfone...Tá *rock* demais. Tenta levar ela mais para uma levada meio Motown... mais swingada... pensa num baterista preguiçoso, que toca sem esforço, lá num cantinho do palco, num puteiro de beira de estrada... [risos]

Músico: – [risos]... Saquei... mas e o resto?

Produtor: – A guitarra podia ser menos Jimi Hendrix e mais James Brown, funkeada... ou ainda fazendo a faquinha...

Músico: – Faquinha?

Produtor: – Faquinha... acordes curtinhos, em *staccato*, junto com a caixa da bateria, meio percussiva...

Músico: – E o baixo... não está estranho? Pra mim, está meio que destoando do resto...

Produtor: – É... tá um pouco... Talvez se você tocar

menos notas e mais pausas. Mas também vou mudar o som um pouco. Vamos trocar: em vez de microfonar o amplificador do baixo, vamos ligá-lo direto, em linha, passando pelo pré-amp. E vamos trocar de baixo também. Acho que o Jazz Bass funciona mais...

Músico: – Mas ainda estou achando a batera meio seca demais...

Produtor: – Não esquenta não. É isso mesmo. Depois na *mix*, a gente coloca um Plate e as coisas se amalgamam...

O diálogo fictício acima, fundamentado em minha experiência, representa bem um tipo de trabalho: o processo de gravação fonográfica dentro de um estúdio. Para quem não tem familiaridade com os termos e com o processo, o diálogo pode soar um tanto surrealista e o processo pode parecer intuitivo, como se não envolvesse pesquisa ou não fosse possível compreendê-lo formalmente. No entanto, o que esse diálogo nos revela é algo além do que as aparências sugerem: há uma busca experimental, empírica, para atingir algo que faça sentido dentro das expectativas de trabalho de todos os envolvidos. É a construção de algo que deve se configurar como uma unidade sem deixar de dialogar com referências, propondo um resultado sonoro que tensione as próprias alusões, que proporcione um senso de originalidade. O que está em construção é um fonograma, uma gravação fonográfica de uma música. E o que serve como referência para essa construção é a mistura da idealização de como deve soar a música e da manipulação dos resultados sonoros obtidos na tentativa de alcançar essa idealização. Claro, há uma boa parte de intuição nesse jogo, mas uma apreensão abalizada em empiria, uma série de tentativas, erros e acertos, aperfeiçoadas tanto em experiências prévias quanto em estudos sobre os processos e sobre as melhores formas de gravar. Chamamos isso de prática fonográfica.

Na prática fonográfica, há uma constante procura pela forma perfeita de fixação dos sons em suporte fonográfico. Perfeita não somente no sentido técnico ou de fidelidade sonora ao que foi gravado, mas também (e, dependendo do caso, prioritariamente) de fidelidade às expectativas sobre a música, à sua finalidade e ao que ela representa ou propõe em termos artísticos, aumentando sua força expressiva. Essa arte de fixação dos sons (como os franceses chamam as gravações) é baseada, principalmente, nas características e qualidades sonoras que são obtidas em uma gravação e na obtenção de sonoridades apropriadas ao trabalho fonográfico.

Sonoridade é o que norteia todo esse processo de gravação, sobretudo da canção na música popular, que configura toda uma prática musical diferenciada. Tocar em uma apresentação é bem diferente de elaborar uma gravação. E é disso que trata este texto. Minha intenção aqui é aprofundar uma reflexão sobre o processo de gravação, onde, a meu ver, a sonoridade – ideia difusa – mostra-se como o melhor termo para entender os fundamentos que regem essa prática fonográfica.

O primeiro capítulo aprofunda uma discussão conceitual e teórica sobre o termo sonoridade, o que é esse conceito e como se deu a construção biológica, cultural e histórica da sensibilidade aos sons. Nele realizo uma revisão bibliográfica que constrói uma articulação entre ideias oriundas de várias áreas e autores, a partir da biologia evolucionista de Beament. Esta nos dá pistas de como nossa audição e cognição se desenvolveram e o que isso tem a ver com a música e com nossa percepção e valoração dos sons. Partindo de Beament, sigo um caminho em espiral para tecer as relações desses fatos com a construção cultural da ideia de música no ocidente. Em espiral, pois essas ideias oriundas da biologia evolucionista se articulam com ideias da linguística, da neurociência, da semiótica e da musicologia, o que nos leva, com base em um ponto referencial (os sons e as sensações despertadas por eles), a tentar entender como a ideia de sonoridade vai além do que seu uso mais tradicional no campo da música sugere. Para isso, faço o uso de ideias de autores como Tagg, Fischer, Schaeffer, Delalande, entre outros. Ainda nesse capítulo, faço uma análise do processo de construção da sonoridade. Isso também ocorre por uma articulação de ideias vindas de uma revisão de literatura, com o intuito de descrever os fatores que entram em jogo quando pensamos em qualificar sons e dar uso a eles com base nessa qualificação. Evidencio como se dá esse processo, que pode ser melhor compreendido pela ideia de sistemas, fundamentada em Vaz, Bunge e Lieber. Discuto como essa visão sistêmica do processo pode influenciar nas escolhas e nas qualificações dos sons, mostrando como as fontes e objetos sonoros se articulam com marcadores de estilo[1] e com a noção de territórios sonoros,[2] propondo novas ordens e emergências para o campo da música.

As ideias de sonoridade e de sua construção processual sistêmica servem para reforçar sua aplicação no que seja talvez seu maior objeto de fatura: a canção popular gravada. Independente das armadilhas conceituais que o termo música popular propõe, no capítulo 2 discuto como os conceitos de território sonoro e a construção sistêmica do processo de qualificação dos sons se relacionam com a ideia de música popular, seus gêneros e subgêneros musicais, com os discursos musicais e com o objeto musical mais representativo da música popular, a canção. Para tanto, apoio-me em autores como Vaz, que faz uma descrição do campo sistêmico da canção, Frith, que discute a noção de gêneros musicais, além de outros autores que ajudam a tecer a relação entre produção musical de canções e as expectativas em relação aos seus territórios simbólicos: os gêneros musicais.

No capítulo 3, descrevo como toda essa articulação conceitual acerca da sonoridade e sua ideia sistêmica pode ser realizada na prática musical, sobretudo na fonografia. Apresento os agentes participantes do processo, seu papel e atuação, com base em autores e textos que discutem a produção musical e a centralidade do produtor, que atua conduzindo e gerenciando os interesses envolvidos na prática fonográfica. A literatura desse capítulo é fundamentada em Iazzetta, Paiva, Hepworth-Sawyer e Golding, Burguess, entre outros.

No capítulo seguinte apresento dois estudos de caso como exemplos bastante opostos de produção fonográfica em termos estéticos, técnicos e processuais. Tive a oportunidade de participar de ambos e de testar duas maneiras diametralmente opostas de realização do trabalho de produção musical: em uma, *Gastrophonic*,[3] como compositor e produtor musical, e na outra, *Homônimo*,[4] como compositor e músico, sendo dirigido por um produtor musical externo à banda. No primeiro caso, questões ligadas à feitura e à luteria sonora aparecem mais vinculadas a processos próprios do ambiente digital, onde tudo foi realizado, desde a concepção até a masterização, retratando uma visão mais personalista da produção. Em *Homônimo*, houve duas questões: a logística processual de produção fonográfica coletiva, com a presença de agentes diferentes na gravação, mixagem e masterização; e a escolha por processos oriundos da gravação analógica, o que demandou uma prática fonográfica distinta.

Por fim, teço considerações sobre como a prática fonográfica é, de fato, outro modo de prática musical, norteada por uma ideia expandida do conceito de sonoridade. Evidencio que os objetos da fonografia (as gravações) e sua prática construtiva devem ser melhor entendidos e analisados para que tenhamos uma real dimensão dos processos que guiam a construção e a valoração da música popular, bem como para que entendamos essa prática como uma forma particular de arte: uma arte de proporcionar sensações com base na articulação de sonoridades.

Este trabalho visa, portanto, a colocar em evidência a importância da gravação e do trabalho de produção musical para o campo que chamamos de música popular. É difícil pensar a música popular, na forma como a conhecemos hoje, sem levar em conta que o processo de gravação fonográfica, além de influenciar fortemente, exerce um papel central na forma como consumimos e nos relacionamos com essa música. E isso certamente passa pelo que entendemos dos sons que ouvimos e pelo valor que damos a esses sons, já imbuídos de valores em sua construção. Por isso, descrever como o termo sonoridade pode ser entendido é a primeira tarefa que me proponho a cumprir.

1. TAGG, 1999.
2. OBICI, 2006.
3. CASTRO, 2009.
4. SOMBA, 2014.

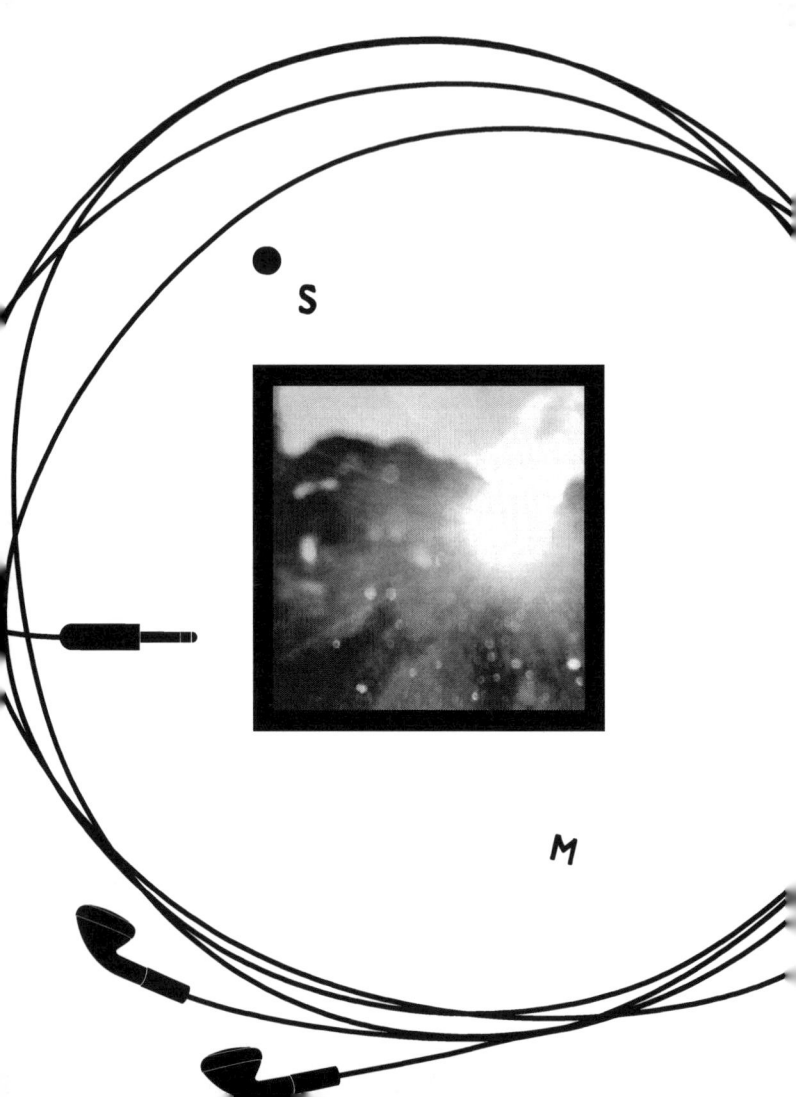

Qualidade de sonoro.
Propriedade de produzir
ou formar sons
(Michaelis on-line)

Qualidade ou fato de ser sonoro.
(Oxford Dictionary)

1

SONORIDADE: CONCEITO E CONSTRUÇÃO

O termo sonoridade, apesar de recorrente no campo da música, ainda não possui uma definição ou conceituação bem contextualizada. Tal fato pode ser aferido quando tentamos procurar por uma definição em textos referenciais, como no dicionário *Grove* de música ou no *Harvard Dictionary of Music*, cujas páginas nem sequer citam o verbete. Em dicionários comuns, o termo sonoridade (em inglês *sonority*) é definido como podemos ver acima. As definições se mostram bastante amplas e gerais, o que, *a priori*, coloca-nos algumas questões: quais qualidades são estas? Qualidades físicas do som? Qualidades perceptivas? Simbólicas? Como o ser humano tem qualificado o som ao longo de sua história e quando/como esse som passa a ser musical? Estas são algumas questões que serão desenvolvidas ao longo deste capítulo.

1.1 Qualificações do som em música

Quando pensamos sobre o que diferencia os conceitos de som e música, a resposta que talvez pareça mais sensata vem da qualificação: uma vez que nem todo som é música, mas toda música se serve do som, o que os diferencia são justamente as qualidades atribuídas a cada um. É o processo de atribuição de qualidades e valores aos sons em um determinado contexto que nos permite entendê-los como música ou não. Uma vez que o som é, a um só tempo, fenômeno físico e sensação, é conveniente discorrer um pouco sobre como desenvolvemos nossa relação com este fenômeno.

Muitos animais produzem sons para se comunicar, e nós não somos diferentes, apesar da complexidade com que fazemos isso. James Beament traça um panorama bastante interessante sobre o desenvolvimento da nossa escuta musical. Como esse sentido se desenvolveu e influencia o modo como fazemos música são algumas das questões propostas e bem desenvolvidas ao longo de seu livro *How do we hear music: the relationship between music and the hearing mechanism*.

No capítulo intitulado "Arqueologia aural", Beament sugere origens para a qualificação dos sons em um sentido musical, a partir do momento em que o simples ato de fazer sons se torna mais seguro. Seguro no sentido ecológico, quando, em um contexto onde se é caça e caçador ao mesmo tempo, o animal que faz menos barulho e tem o sentido da audição mais apurado tem maiores chances de sobrevivência.[1] Som, nesse contexto, só é feito por propósitos vitais: demarcação de território, acasalamento, alerta contra predadores etc. Portanto, o comportamento mais seguro para os animais é não fazer sons. Mas, quando o homem começa a fazer ferramentas, fazer sons se torna inevitável. E, apesar de não ser possível precisar quando a humanidade começa a utilizar artefatos simplesmente para fazer sons, o que podemos inferir é que isso somente ocorreu em um contexto social de autoproteção, onde não era mais tão inseguro ou desvantajoso. Segundo Beament, tal fato pressupõe uma comunidade mais sedentária ou, ao menos, uma comunidade nômade bem organizada e grande. Isso só ocorreu entre quarenta e onze mil anos atrás, período no qual o *homo sapiens* experimentou uma explosão cultural e simbólica, conforme aponta o linguista Fisher:

> Entre 40.000 e 35.000 anos atrás, grupos de sapiens já haviam chegado ao norte da Austrália, onde deixaram decorações ou símbolos em paredes de abrigos de pedras. Enquanto, no Velho Mundo, o sapiens substituía e/ou absorvia os *erectus* e *neanderthalensis*, eles experimentavam simultaneamente uma "explosão cultural" que se iniciou mais ou menos nessa época e continuou até 11.000 anos atrás: artefatos manufaturados que exibiam eles mesmos, animais, símbolos e até mesmo a

passagem do tempo (calendários lunares) em osso, marfim, pedra e madeira; pinturas, gravuras ou molduras em paredes de cavernas, pedras lisas, ossos redondos e rochas grandes, numa variedade de cenas ou representações de tirar o fôlego (Lascaux, Caverna Chauvet); a invenção de novas ferramentas como cabos e punhos; e a fabricação de flautas, tambores e instrumentos de corda. Nesse momento, a fala articulada – e o raciocínio simbólico que ela permitia – estava certamente sendo usada de todos os modos que conhecemos, e os hominídeos não eram mais apenas os "primatas falantes", mas sim os "primatas simbólicos".[2]

Beament afirma que os primeiros artefatos produtores de sons provavelmente tinham usos práticos, dos quais o mais óbvio é a sinalização. A cacofonia que as pessoas fizeram para espantar animais ou espíritos malignos pouco tem a ver com música. Isso implica em certa cautela na presunção de que artefatos encontrados em certos sítios arqueológicos tinham a função sumária de fazer música. No entanto, como podemos ver na citação de Fischer, instrumentos de alturas definidas – como flautas, xilofones, instrumentos de cordas – e que pressupõem o uso de seus sons para fins musicais foram encontrados associados aos primeiros grupos de hominídeos que fizeram pleno uso das faculdades da linguagem humana moderna.[3]

Como podemos notar, as primeiras qualificações dos sons em música se dão no mesmo momento histórico em que, na história da linguagem humana, associações indexicais se conjugam sintaticamente, configurando simbolismos e autorreferências linguísticas. Explicando um pouco isso, Fischer afirma que:

> [...] o alerta "fogo!" dos grandes primatas e outros animais, por exemplo, não constitui uma palavra embrionária. E a associação indexical – ou seja, uma ligação entre um objeto físico e uma palavra falada ou sinalizada como "banana" ou 'teclado' – não é simbólica, mas simplesmente associativa. Assim, as vocalizações ou sinais que reproduzem essas associações, tais quais as usadas nos experimentos de comunicação entre humanos e animais, não apontam para o uso humano da linguagem. A linguagem vocal humana é diferente. Ela é um processo dinâmico, simbólico – não associativo – e totalmente antropocêntrico. Isso ocorre porque a linguagem vocal humana evoluiu como uma função distinta e autônoma com os órgãos de fala e cérebro humanos.[4]

Por isso, torna-se sugestivo apontar que música e linguagem compartilham algo em suas origens, o que faz com que muitos vejam a música como uma forma de linguagem, apesar de debates controversos acerca dessa questão. Torna-se, também, sugestivo pensar que a primeira distinção entre sons musicais e não musicais se deu – e ainda se dá – por uma distinção entre índices e símbolos, configurando o que linguistas chamam de um pensamento simbólico próprio da mente humana moderna. Quando os sons deixam de ser índices de alerta, fertilidade e presença e se tornam uma construção simbólica sem propósitos vitais diretos, eles se tornam música. Portanto, desse ponto de vista, podemos até falar que o que é reconhecido como música é uma forma humana de uso e de atribuição simbólica aos sons.

Porém, em música, as questões sensoriais e da percepção sonora possuem uma importância distinta das mesmas na linguagem falada. Por isso, há comumente uma distinção conceitual entre o que vem a ser a sonoridade nos campos da linguística – que trata mais de questões fonológicas – e da música – que trata de questões mais complexas do uso e produção dos sons em geral. A primeira variável que influencia a ideia de sonoridade vem das qualidades sensoriais dos sons musicais.

1.1.1 Qualidades sensoriais

O que qualquer um experimenta quando o som é percebido pelos ouvidos são sensações. E música é uma série de sensações; ela começa como sensações e, não importando o quão complexa e sofisticada ela se torne, ainda permanece como um conjunto de sensações. Músicos criaram um número muito grande de sobreposição de termos que são simplesmente nomes para as coisas que eles podem distinguir, ou que acreditam que podem, em sensações. A maioria dos músicos, compositores e instrumentistas, não sabe. Compositores têm trabalhado usualmente em termos de sensações as quais eles gostam e esperam que outras pessoas gostem. A maioria dos ouvintes não faz ideia, apesar de que eles geralmente sabem o que gostam ou não. Descrever sensações não é fácil, sensações sonoras tendem a ser difíceis, e algumas características das sensações musicais são virtualmente impossíveis de descrever, mas com uma experiência considerável pode-se perceber que muitos dos termos se referem a fenômenos reais; alguns deles são pura ilusão.[5]

É com base nas sensações que começa o processo de qualificação dos sons. Beament sugere que a qualificação do som como música e o que delineia essa qualificação a partir de outros sons parece estar relacionado a dois fenômenos: "alturas definidas e padrões de tempo, onde ambos são *artefatos*, invenções da espécie humana".[6] De fato, é interessante notar que, entre a ampla gama de manifestações musicais nas mais diversas sociedades, as culturas em que a música é mais percussiva e rítmica desenvolveram o uso de alturas de maneira mais simples, enquanto as culturas que se utilizaram da altura de maneira mais complexa fazem um uso mais simples dos padrões rítmicos. Mas o mais importante, como aponta o autor, é que "a rapidez com que os dois fenômenos foram amalgamados, nos últimos tempos, sugere que ambos são vastamente apreciados tão logo são experimentados".[7]

A ideia geral que Beament apresenta, ao longo de seu livro, é identificar as características e qualidades do som que foram selecionadas pela escuta, ao longo do tempo, como sendo sensações agradáveis e, então, musicais. Musicais, aqui, no sentido de merecer qualificações por parte dos músicos. Ele aponta:

> Temos que, então, descobrir primeiro quais características dos sons são responsáveis pelas características das sensações às quais os músicos dão nomes. Então seremos capazes de ver se estamos conectados a como nosso sistema auditivo opera. O que é "quinta"? O que estamos identificando sem saber o que é? Como selecionamos isso em primeiro lugar? Nosso sistema auditivo está tendo algum papel nisso? Quando os sons musicais foram analisados há mais de cem anos atrás, as componentes descobertas e chamadas de harmônicos aparentemente ofereciam uma explicação simples para muitas coisas sobre música. Desde então, os físicos têm analisado e descrito os

sons em muitos detalhes. Mas os sons no ar não são uma descrição das sensações. Existem coisas que aparentam serem óbvias no som que não aparentam assim serem nas sensações e, muito poucas coisas são. Não se pode assumir que uma análise de sons musicais mostra o que podemos escutar; isso também tem levado as pessoas a acreditarem que ouvem coisas que elas não podem. Suponha por exemplo, que nós não pudéssemos escutar harmônicos; algumas das mais básicas explicações sobre música entrariam em colapso. O quão acurado nós escutamos os sons de uma quinta? Felizmente, menos exato do que muitos músicos acreditam que podem, pois caso assim fosse, uma música teria que ser tocada tão precisamente que se tornaria impraticável. Mas estas questões dependem de nosso sistema auditivo, e não das descrições dos sons.[8]

Beament assinala nesse trecho que o primeiro processo de qualificação dos sons parte de uma interação entre os fenômenos físico e perceptivo. Certas características físicas são essenciais para essa qualificação, mas, em última instância, o critério perceptivo selecionou as sensações mais agradáveis que deveriam ser ressaltadas. Entre outras implicações, isso é o que norteou a construção de artefatos sonoros e instrumentos musicais, aspecto que permanece até os dias de hoje na luteria. Ele indica:

É quando nos deparamos com termos como "tons" que encontramos grandes dificuldades. Podem estar certos que os músicos sabem quais características de uma sensação eles estão tentando descrever como tons, mas a variedade de adjetivos aplicados a esta palavra indica o problema, ainda mais se levarmos em conta gosto pessoal e crenças; possivelmente a ideia que mais se aproxima em uma linguagem comum é qualidade do som, o que não nos diz muito. Tom é uma sensação extremamente importante. Instrumentos musicais ortodoxos foram inteiramente desenvolvidos por construtores musicais usando essa sensação como critério. Eles não tinham ideia sobre o que eles estavam de fato selecionando. Nós hoje sabemos, mas desafortunadamente os estudiosos em acústica saltaram para a conclusão de que tom era uma propriedade dos instrumentos. Alguns ainda acreditam nisso. As transformações nos instrumentos possibilitaram aos instrumentistas produzir sons com diferentes características tonais. Nós devemos descobrir quais características do som a nossa escuta utiliza quando a sensação de tom é produzida, e quais não são levadas em consideração. A resposta é um pouco surpreendente.[9]

O que podemos ver, portanto, é que a sensação de tom foi fundamental para uma primeira qualificação dos sons em musicais e não musicais. Ela está na base dos primeiros artefatos musicais humanos – principalmente, alturas definidas – e emerge a partir de um fenômeno fundamental presente nos sons musicais: ressonância.

"Ressonância é uma propriedade física. É o modo como algo vibra naturalmente quando uma energia é adequadamente provida".[10] É um princípio utilizado e moldado na construção dos instrumentos musicais. É este princípio que faz com que algo que seja ressonante (tubos de ar, cavidades etc.), que vibre ao ser estimulado, requerendo pouca energia para isso. E é justamente este princípio que, quando devidamente manipulado, ajuda fisicamente a produzir a sensação de altura definida. Do contrário, haveria apenas transientes, outra propriedade importante dos sons, conceituados da seguinte maneira por Beament:

> Apesar de todo tipo de som poder ser chamado de ruído, e essa palavra tem muitas e diferentes conotações, um termo melhor para todo ruído exceto o som com altura definida é transiente. Um transiente significa um som em transformação, e isso inclui também a ideia de algo que aparece e desaparece rapidamente, [...]. Se somos capazes de nos lembrarmos dos transientes, temos que lembrar o modo que uma sensação muda a cada instante, e então reconhecer esse mesmo modo quando obtemos uma sensação que se transforma no mesmo padrão.

Muitas delas ocorrem em menos de um segundo. A maioria de nós se lembra e pode identificar milhares de transientes: ruídos e palavras.[11]

Se por um lado as propriedades de ressonância ajudaram a moldar as alturas definidas, por outro as propriedades dos transientes ajudam na identificação da fonte sonora (entre outras questões) e, por isso, nosso sistema auditivo se desenvolveu de maneira tão sensível para tal propriedade, reconhecendo inúmeras variações sutis. Na verdade, como aponta Beament, parece que nosso sistema de escuta se desenvolveu e teve suas propriedades determinadas pela capacidade de detecção da direção da fonte sonora. Como ele afirma,

> Tal sistema requereu que as frequências fossem separadas e codificadas, mas somente o tanto quanto era necessário; acidentalmente, isto nos deu a sensação de altura (notas), mas com acuidade muito diferente para diferentes frequências. A codificação nos tornou capazes de selecionar alturas que se relacionam. Isto nos deu a fusão de alturas que conhecemos como tom, e também uma habilidade de melhorar a seleção das alturas relacionadas por ele. Deu-nos uma característica da sensação de intensidade, a qual atribui uma importância adicional aos sons no espectro de frequências onde

tal sensação é a mais importante para a direção. E atribui a maior importância para a obtenção dos transientes e do timbre, e do tempo exato de recepção dos sons, porque isto é o que esse sistema usa de fato. E quando inventamos a música, tudo já estava pronto para usar os sons. Todos percebem as sensações automaticamente, e como tenho dito repetidas vezes, uma pessoa não precisa saber nada sobre música para gostar das sensações. O que não foi dito antes é que a utilização do córtex para essas sensações produz recompensas bastante diversas e misturadas.[12]

Do que foi posto acima, podemos ver que nosso sistema de escuta se desenvolveu para dar um propósito vital aos sons – afinal, reconhecer a fonte sonora, onde ela está e como está se movendo pode ter propósitos vitais, como distinguir entre presa ou predador, por exemplo. Mas apesar disso – ou talvez até por isso –, nossa categorização e descrição dos sons são bastante limitadas e generalizadas, sendo comum que descrevamos "o som por aquilo que o produz e que classifiquemos as coisas que fazem sons ao invés dos próprios".[13]

Há certas características próprias dos sons, porém há poucos descritores para as mesmas. Agudo, grave, forte, fraco, ruidoso, achocalhado, assobiado são alguns dos poucos termos que descrevem sensações. Outras categorizações são amplas e geralmente descrevem os sons por sua fonte sonora – sons de pássaros, de um instrumento musical, de grupos de instrumentos, entre outros. Além disso, o fato de as sensações sonoras envolverem o córtex faz com que tenhamos reações e emoções diferentes para diferentes características dos sons: susto, medo, prazer. Disso nascem os afetos, as emoções e os sentimentos, cada qual com sua conceituação difusa, imprecisa e intercambiável. Em resumo, "nossas sensações são versões distorcidas do som e tudo que podemos fazer é usá-las como elas são".[14]

Considerando os artefatos musicais humanos – alturas definidas e padrões de tempo – temos duas maneiras de caracterizá-los: a partir de sensações (algo que sentimos instantaneamente) e de percepções (algo que sentimos num período de tempo maior, envolvendo, portanto, a memória). Como afirma Beament, "nós não podemos observar nada sobre o som ou fazer uso dele a menos que usemos a memória para observá-lo em um período de tempo".[15] De fato, é por algum nível de atuação da memória (sensorial, motora, emotiva, lógica) que se dá o reconhecimento de algo que escutamos, seja pelo viés da identificação da fonte, seja pelo viés afetivo da sensação sonora. É, também, pelo uso da memória que guardamos as sensações e as percepções, às quais serão atribuídos valores e significados. É por esse processo que começa a atribuição de qualidades simbólicas aos sons. É por esse processo, também, que intervalos musicais foram selecionados por comparação e, como acontece em várias culturas distintas e distantes geograficamente, chegou-se à configuração pentatônica de uma escala de intervalos. Como afirma Beament:

> [...] um dos aspectos do processo pré-histórico de descoberta musical é de grande importância. Não se pode soprar duas flautas-pan ao mesmo tempo, e flautas e apitos apenas produzem uma nota de cada vez. Todo o processo de seleção [intervalar] foi feito com o uso consecutivo das alturas. Nossos ancestrais selecionaram pares de notas porque gostaram da sensação de uma em comparação com a memória da outra. O uso da memória de curto prazo associado à sensação de sons de alturas definidas foi fundamental para todo o processo do modo como o córtex auditivo selecionou as alturas de modo a ter intervalos musicais interessantes, desde o início.[16]

Se por um lado desenvolvemos todo um sistema de escuta, moldado por necessidade biológica vital, por outro utilizamos esse mesmo sistema para nos comunicar de maneira simbólica, o que implica necessariamente em dar significado e gerar signos baseados em índices sonoros. E isso se desdobra em grande complexidade de acordo com a variabilidade cultural humana, como veremos a seguir.

1.1.2 Qualidades simbólicas

Alguns fenômenos físicos – como ressonância e transientes – nos permitiram a invenção e o desenvolvimento das alturas definidas e dos padrões rítmicos. A sensação que um som com altura definida proporcionou a princípio provavelmente foi espanto, como se fosse algo dotado de um sentido mágico, diferentemente dos ruídos-transientes citados por Beament. Assim ele justifica:

> A reação das primeiras pessoas, em qualquer cultura, ao obter som acidentalmente por soprar o orifício de um tubo de bambu foi, provavelmente, um susto. Dê a um jovem chimpanzé uma buzina de brinquedo (operada por uma bomba de ar) para ele brincar. Tudo vai bem até que ele acidentalmente pressiona a bomba e salta se afastando assustado. Em um mundo onde o sol, os rios e o fogo eram espíritos vivos, não é tão especulativo pensar que a música era mágica e que tem continuado a ser desde então, até mesmo nos dias de hoje.[17]

Essa ideia do sentido mágico parece bastante razoável, ainda mais se pensarmos que a relação mais comum que existe entre música e sociedade se dá pelo viés ritualístico, seja para comemorar colheitas, louvar deuses, realizar procedimentos de cura, funerais, celebrações, entre outros. Esse sentido mágico parece vir de uma expansão e processamento cognitivo do sensorial.

Como a citação de Beament visa a demonstrar, quando algo não muito comum no panorama sonoro dessa antiguidade foi escutado – alturas definidas, por exemplo – provavelmente provocou uma sensação de encantamento, junto com sensações prazerosas – do contrário, não haveria interesse em investigar e desenvolver os instrumentos que promovem tais sensações. O que apontei acima como processamento cognitivo é justamente o uso e a atribuição de valores a essas sensações. Se a sensação é prazerosa e produz tranquilidade e relaxamento, pode ser usada como acalanto para ninar uma criança, ou como algo que provoque ou que se associe à contemplação. Se a sensação é mais enérgica, ou ainda, de algo mais marcado em termos rítmicos, pode ser associada à dança e a rituais, encontrando usos próprios em celebrações de caráteres diversos. São estas formas de usos que ajudam a moldar o reconhecimento de uma sensação e a associá-la a outros valores e significações. É um sistema retroalimentado: os sons moldam seus significados por suas formas de uso, assim como tais formas de uso moldam os significados dos sons. Os sons e suas sensações se transformam em símbolos.

No entanto, o processo de qualificação simbólica dos sons envolve outras questões complexas. Ele é dependente do contexto sociocultural. Se por um lado fazer sons não era mais tão inseguro, e a criação dos artefatos musicais passou pelo uso de alturas definidas e padrões de tempo, que provocavam associações a um pensamento mágico, por outro, o desenvolvimento dos significados sonoros e musicais trilhou caminhos bem distintos conforme a cultura de origem de cada manifestação. Ainda mais se pensarmos que a transmissão dos valores e significados se deu, principalmente, pelas vias da auralidade e da oralidade. Cada cultura possui uma língua e um acervo de fontes sonoras (instrumentos musicais) próprios, por isso cada língua está sujeita a uma prática expressiva diferente, e cada instrumento propõe uma forma própria para sua performance.

Uma maneira de enxergar isso vem da própria história da música ocidental. A qualificação simbólica de sons e sensações sonoras vem da necessidade de registro e transmissão de certas qualificações. Isso implica selecionar certas características sensoriais e sonoras e atribuir a elas uma significação, transformando-as em símbolos que possam ser transmitidos em um processo de comunicação, como um código. Há vários conceitos da linguística e da semiótica que tratam dessas questões, sobretudo ligadas à linguagem verbal e oral. Dadas as várias características em comum que possuem a música e a linguagem, parece ainda mais significativo que as primeiras formas de registro musical da antiguidade tenham se dado por uma grafia primitiva da entoação associada a um texto[18] – como na Grécia antiga –, sem registro muito definido para alturas e padrões rítmicos.

Grosso modo, o texto age como um condutor cronológico da execução musical, e os símbolos sobrepostos a ele são indicadores de sua entonação.

Posteriormente, o desenvolvimento da notação musical ocidental pode ser visto como um contínuo e gradativo processo de seleção de sensações musicais que demandaram registro, gerando a transmissão de valores e criando signos próprios. Primeiro, nas relações entre alturas definidas e divisões de tempo (ritmo e métrica), configurando melodias e unidades melódicas (neumas, escalas, motivos) em cantos da antiguidade e no gregoriano. Depois, configurando o pensamento harmônico na Renascença e no barroco, detalhando cada vez mais as intensidades, articulações e a manipulação e combinação de timbres (orquestração), como nos períodos clássico, romântico e moderno. Esse processo de criação e desenvolvimento da notação musical é, portanto, uma das várias formas de qualificação simbólica dos sons musicais, pelo menos na cultura ocidental de tradição erudita. Mais do que um mero registro gráfico de sensações sonoras e instruções, essa notação permitiu um uso mais complexo das sensações, agora transformadas em símbolos, configurando regras de manipulação e uso, de forma similar ao que acontece em uma linguagem – como no desenvolvimento do sistema tonal. É o espaço do registro de performance (a partitura como instruções de execução) que se transformou em um espaço de criação (a partitura como afirmação de um pensamento criativo). Esta é toda a base do pensamento musical ocidental de tradição erudita, presente, principalmente, no campo da música de concerto.

Mas como já disse, a notação é apenas uma das formas de seleção e qualificação simbólica de sons e sensações sonoras. Há outras formas, sobretudo a partir do advento das gravações, que reforçaram mais ainda as questões simbólicas que envolvem os sons. Sons similares podem ser ouvidos de maneiras diferentes, conforme a situação, e podem carregar uma variedade enorme de significados. É uma característica que se ressaltou ainda mais na escuta contemporânea, uma consequência direta do processo de registro fonográfico.

Pierre Schaeffer foi um dos que se dedicou mais seriamente a essas questões da ressignificação da escuta. Em 1966, ele identificou quatro funções de escuta, nomeando-as de acordo com as possibilidades semânticas que o idioma francês dava para o entendimento do termo escuta. Uma forma bastante didática de explicar isso é proposta por Andrew Hugill:

> *1) Écouter* ("escutar") é "escutar alguém ou algo, por intermédio do som, objetivando identificar a fonte, o evento, a causa", ou seja, tratando o som como um sinal de sua fonte ou evento". Pode ser chamado de escuta causal.
> *2) Ouïr* ("ouvir") é "perceber pelo ouvido, ser estimulado por sons". Este é o modo "mais cru, o nível mais elementar da percepção; escutamos passivamente

muitas coisas as quais não estamos tentando identificar ou entender". Exemplo: "o ruído de tráfego automotivo está constantemente postado à nossa janela, porém nem sempre nos atentamos".

3) Entendre ("entender") envolve discriminação aural, ou como diz Schaeffer: "mostrando uma intenção de escuta (écouter) e escolhendo o que nos interessa particularmente a partir do que ouvimos (*ouïr*), então 'determinando' o que escutamos". Exemplo: "Esse som tem uma textura que se transforma de modo realmente interessante".

4) Comprendre ("compreender") é essencialmente compreender, ou "atribuir um significado, valores, tratando o som como um signo, referindo seu significado através de uma linguagem, de um código". Exemplo: "Aquela obra musical fez realmente sentido para mim e eu gostei". É o que pode ser chamado também de escuta semântica.

Schaeffer ressalta: "as quatro funções de escuta podem ser resumidas mais ou menos na seguinte sentença: Eu ouvi (ouïr) você sem prestar atenção, embora não tenha escutado (écouter) à porta, mas eu não entendi (comprendre) o que escutei (entendre)".[19]

O que Schaeffer nos mostra é uma abertura do som a outras questões simbólicas, como o iconismo, a indicialidade e o simbolismo intencional. Sua intenção era propor outra forma de escuta, que ele chamou de escuta reduzida, como aponta Palombini: "Advém daí a escuta reduzida, uma suspensão das relações simbólicas e indiciais [...] através da qual o objeto se revela como um agregado de qualidades de *forma* e *matéria* sonoras".[20]

Ao mesmo tempo, sua proposta nos revela que, em nosso jogo de escuta, tecemos várias relações simultâneas e complementares com os sons que nos cercam. E essas relações se dão por toda ordem de fatores e experiências, gerando reconhecimento e atribuições de qualidades aos sons. Assim, proponho aqui que estas sonoridades possam ser qualificadas de acordo com:

    a. suas características físico-sensórias;
    b. suas fontes sonoras e identidades;
    c. seus usos e territórios;
    d. seus afetos e caráteres.

As características físico-sensórias influenciam a associação do termo sonoridade a qualidades musicais. Nesse sentido, o termo é geralmente utilizado para descrever e qualificar aspectos e sensações provocadas pelo som como fenômeno físico e perceptivo no campo da música. São as sensações de alturas, intensidades, ritmos e métricas, formas, timbres e espacialidades que influenciaram o surgimento de termos como sonoridades ásperas, polirrítmicas, cromáticas, profundas, fluidas, harmônicas, melodiosas, ardidas etc.

Pelas fontes sonoras e identidades, entendemos o termo

sonoridade como índices que apontam para o que está produzindo o som, seja um instrumento musical, um pássaro, um motor, ou um artista específico (indivíduo ou grupo). Assim, surgem termos como sonoridades maquínicas, de cordas, de algum músico ou banda (uma sonoridade Jimi Hendrix, por exemplo). Neste último caso, há certa complexidade, uma vez que tal identificação não se dá apenas por reconhecimento de timbre, mas sim por um reconhecimento que envolve, entre outras coisas, estilo individual de performance e criação.

Pelos usos e territórios (estes últimos podem ser simbólicos), temos qualidades mais conceituais, que indicam funções, bem como locais e situações de uso e fruição apropriados: música marcial, réquiens e missas, música de concerto, de entretenimento. Daí temos as ideias de sonoridades marciais, fúnebres, sagradas, profanas, jazzística, roqueira, camerística, entre outras. Esse é o caso de um sistema retroalimentado da associação significativa de um som por seu uso, em que este mesmo uso molda a forma de associação simbólica do som.

E, finalmente, pelos afetos e caráteres, temos as relações emotivas e sentimentais estabelecidas com certas qualidades dos sons e das músicas. Daí as qualificações como sonoridades agressiva, contemplativa, hipnótica, festiva, dançante, infantil, erótica, dentre outras.

Como podemos notar, todas estas formas de qualificação são simbólicas e complementares, comportando-se como instâncias interdependentes, por vezes hierárquicas, de um jogo de escuta, de maneira aproximada ao que foi colocado por Pierre Schaeffer. Muitas vezes, a qualidade erótica de uma sonoridade vem de uma experiência dela em uma situação que proporcionou uma associação entre seu uso e os sentimentos despertados pela própria situação – como em certos usos dados à música no cinema. E, quando tal associação é evocada pela simples escuta, atribui-se tal qualidade àquela determinada sonoridade.

Bem, de tudo isso já disposto, podemos tirar alguns pensamentos sobre o som como música. A diferença entre sons musicais e não musicais passa por duas questões: a seleção de certas características sonoras que proporcionavam sensações tonais mais agradáveis, com base na construção de instrumentos musicais desenvolvidos empiricamente desde os primórdios da humanidade; e a valoração simbólica, com base nos artefatos musicais humanos (alturas definidas e padrões temporais), instituindo um caráter social às práticas musicais e, ao mesmo tempo, desenvolvendo-se como algo similar a uma linguagem, criando novas formas de uso, novos significados e novos agentes.

Temos, assim, que a relação que construímos com algum som musical é a um só tempo sensorial e simbólica, e que o limite entre ambas é algo, no mínimo, turvo. Apesar de certas características físicas presentes serem essenciais para uma qualificação dos sons como musicais, uma organização e uso dos mesmos envolveu, também, algum tipo de processo análogo ao uso e desenvolvimento da linguagem. Esse argumento fica ainda mais forte quando nos deparamos com recentes pesquisas sobre neurociência e música. Paulo Estevão Andrade, em seu artigo "Uma abordagem evolucionária e neurocientífica da música", faz um apanhado sobre pesquisas nessa área e declara:

> Hoje há evidências suficientes mostrando, por exemplo, que a audição musical atenta, além de envolver mecanismos perceptuais básicos no processamento das variações espectrais (tonais) e temporais dos eventos auditivos, também envolve a memória, incluindo as várias formas de memória de trabalho, além da atenção e até mesmo imaginação motora, bem como o processamento semântico e o processamento multisensorial de regras abstratas de alta complexidade que pode ser compartilhado com o processamento numérico e sintático da linguagem. Finalmente, emoções são consistentemente provocadas pela ativação de áreas cerebrais tradicionalmente envolvidas no processamento auditivo, inclusive por estímulos musicais.[21]

Ainda sobre a relação entre música e linguagem, temos que:

> Música é também linguagem. Segundo o eminente maestro e compositor Koellreutter, a música é uma arte que se utiliza de uma linguagem. É linguagem,

uma vez que utiliza um sistema de signos estabelecidos naturalmente ou por convenção, que transmite informações ou mensagens de um sistema (orgânico, social, sociológico) a outro. Existem paralelos entre a linguagem verbal e a musical. Ambas dependem, do ponto de vista neurofuncional, das estruturas sensoriais responsáveis pela recepção e pelo processamento auditivo (fonemas, sons), visual (grafemas da leitura verbal e musical), da integridade funcional das regiões envolvidas com atenção e memória e das estruturas eferentes motoras responsáveis pelo encadeamento e pela organização temporal e motora necessárias para a fala e para a execução musical. No entanto, diferentemente da linguagem verbal, o código utilizado na música não separa significante e significado, uma vez que a mensagem da música não está condicionada a convenções semântico-linguísticas, mas sim a uma organização que traduz ideias por uma estrutura significativa que é a própria mensagem: a própria música.[22]

Se pensarmos a ideia de música/linguagem associada ao processo simbólico que o uso dos artefatos musicais humanos (alturas definidas e padrões rítmicos), provavelmente sofreu, veremos a música (do ponto de vista sonoro) como uma grande qualificação aural dos sons na forma de uma expressividade própria de uma linguagem humana, cujos aspectos sociais, culturais, semióticos e sensórios interagem em um verdadeiro jogo. Vista dessa forma, a música tem muitos elementos em comum com a linguagem verbal. Para Andrade, a linguagem verbal, sobretudo a oral, é um processo de "organização intencional de sons baseado na modulação de suas propriedades espectrais (tons) e temporais (ritmo) para a produção de um significado".[23] E essa é uma característica comum à música, como afirma o autor. Apesar de Andrade apontar o aspecto intangível dos sons musicais – eles não fazem referência concreta ou abstrata a nenhum objeto – como diferença essencial destes em relação às palavras, o que vemos na prática é que as inúmeras formas de sons são referenciadas, sim – de maneira bastante generalizada, de fato, mas por suas fontes sonoras. Conforme declara Beament:

> É um traço humano o fato de que podemos observar propriedades comuns às coisas e assim o fazemos, inclusive para os sons musicais. Mas somos virtualmente limitados a descrever todo som natural como o que pensamos ser o que faz tal som, e se tentarmos categorizá-los, classificamos as coisas que fazem os sons ao invés dos próprios sons. Canto de pássaros cobre uma grande variedade de sons; se formos mais a fundo, nós reduziremos ao nome do tipo de pássaro, se assim conseguirmos. Então, porque nós conseguimos descrever coisas que são comuns a diferentes sons musicais do jeito que fazemos?[24]

Talvez uma possível resposta para tal pergunta venha das atribuições qualitativas que damos com base nas sensações que temos e do uso que fazemos de nossos artefatos musicais. É o que acontece quando utilizamos artifícios de linguagem para dar sentido a uma sensação sonora. Justamente por isso, entender ou, pelo menos, refletir sobre o que vem a ser a ideia de sonoridade é algo bastante essencial à compreensão do que é música, por que fazemos música e por que a fazemos da forma como fazemos.

1.1.3 Questões sobre semiótica

Podemos pensar, então, que o nosso relacionamento com a música se deu baseado nos artefatos sonoros mediados pelo uso de fontes sonoras musicais (instrumentos musicais em sentido amplo). A forma como usamos todos esses artifícios constrói algo que percebemos como semelhante a uma forma de linguagem, e que se presta a nos expressar socioculturalmente em todas as instâncias de atuação que essa expressão possa ter. O modo como todos estes fatores interagem nos dá algumas pistas de como nos definimos e como tem sido a nossa história como sociedade e como indivíduos. A título de exemplificação, podemos ver a própria história da música ocidental – à qual prefiro me ater por conhecer melhor – como um relato de como pensamos, usamos e o que chamamos de música, bem como por quais termos procuramos qualificar a música e selecionar suas características mais importantes. E, quando selecionamos algumas de suas características, configuramos uma forma de proposição de novos usos para as mesmas. Assim, desenvolveram-se os instrumentos musicais, a notação musical, a gravação sonora, entre outras tantas formas de lidar com os sons de maneira musical. É no mínimo intrigante que tudo isso se dê baseado na interação entre fenômenos e sensações.

Dar usos, valores e significados aos sons e suas sensações diz respeito a questões semióticas, como aponta Philip Tagg ao comentar a dicotomia que envolve pesquisas musicológicas conduzidas por músicos e por sociólogos (principalmente na música popular), apontando deficiências em ambos os lados:

> O que falta nos dois lados é a capacidade e habilidade de conectar a música, como som, com a sociedade na qual ela existe, influencia e pela qual é influenciada. Isso significa descobrir quais sons significam o que, para quem e em qual contexto. E isso é obviamente uma questão semiótica.[25]

Apesar das questões semióticas envolverem mais a música de uma maneira geral do que apenas a ideia de sonoridade, podemos ver que, pela relação que tecemos entre fenômenos e sensações, uma última instância de qualificação dos sons musicais acontece no processo de comunicação e semiose.

Assim sendo, primeiro temos que entender um pouco do processo de semiose na música.

Philip Tagg define o processo de comunicação musical baseado em alguns princípios gerais: a definição de música; autorreferência na música; música e sociedade; questões universais em música; o caráter coletivo da música. Para ele,

> [...] música é a forma de comunicação inter-humana que distingue a si própria a partir de outras, de modo que os estados e processos afetivos/gestuais (corporais), experimentados individual e coletivamente, são concebidos e transmitidos como estruturas sonoras não-verbais humanamente organizadas para aqueles que criam tais sons por si próprios e/ou para outros que adquiriram - de maneira principalmente intuitiva - a habilidade cultural de "decodificar o significado" desses sons na forma de respostas afetivas e/ou gestuais adequadas.[26]

O que ele quer dizer com tal definição é que não há música sem pessoas aptas a produzir, escutar, codificar, decodificar e valorar os sons dentro de um contexto cultural. E alerta: para se tornar música, os sons devem ser combinados simultaneamente ou em sequência, de modo a criar caráteres afetivos e/ou gestuais. Como exemplo, ele cita:

> É improvável que o som de um alarme de fumaça seja considerado como música em si mesmo, mas,

amostrado ("sampleado") e repetido como uma pista rítmica ou, combinado a sons de gritos editados em conflagração em certos pontos, ele se transformará em parte de uma instrução musical, sendo o objetivo de tal composição (organização humana de sons) encapsular e comunicar um conjunto de processos e estados afetivos e gestuais.[27]

No que tange a ser autorreferente, Tagg aponta para o fato de que:

> [...] as estruturas musicais aparentam estarem mais objetivamente relacionadas a três questões: a nada, fora delas mesmas; às suas ocorrências de maneira similar em outras músicas; às suas próprias posições contextuais em uma peça musical na qual elas já ocorrem.[28]

E continua:

> Ao mesmo tempo, é um absurdo tratar a música como um sistema de combinação sonora, autônomo, porque mudanças no estilo musical são historicamente encontradas em conjunção (acompanhando, precedendo, seguindo) com mudanças na sociedade e na cultura da qual ela faz parte.[29]

Apesar de aparentar contradição, Tagg segue mostrando que os dois princípios – autorreferência e relação com a sociedade – não são antagônicos, e exemplifica em um sintoma recorrente que aparece em estudos sobre música e sociedade: o modo como novos significados de expressões musicais são incorporados ao corpo principal de qualquer tradição musical dada, partindo de fora do escopo de seu próprio discurso. Segundo ele, estes significados podem:

- Fazer referência a outros códigos musicais, agindo como uma conotação social que indica qual tipo de pessoa usa quais sons e em quais situações, como sinédoques de gênero, por exemplo.
- Refletir mudanças nas condições acústicas e/ou tecnológicas de um som, bem como na paisagem sonora, o que decorre em mudanças nas percepções individuais e coletivas que acompanham tais condições.
- Refletir mudanças na estrutura de classes e/ou aculturações.
- Agir como uma combinação dos três fatores acima.[30]

Tagg apresenta as questões "universais" na música como algo transcultural, baseado em bioacústica. As questões podem ser resumidas segundo as seguintes relações:

- Entre (a) pulsação musical e (b) outras formas de pulsação ou ritmo corporal (batimentos cardíacos, velocidade de respiração, ritmo de caminhada ou corrida etc.).

SONORIDADE: CONCEITO E CONSTRUÇÃO

- Entre (a) intensidade percebida e timbre (ataque, decaimento, envelope, transientes) e (b) certos tipos de atividades físicas, em que como exemplo, ele cita a ineficiência de se ninar uma criança cantando de maneira gritada ou, entoar músicas marciais em uma Harpa numa situação de guerra.
- Entre (a) velocidade e intensidade de batimentos e (b) configuração acústica do meio. Ele cita como um exemplo a dificuldade de se discernir vários batimentos curtos e leves sob uma alta taxa de reverberação.
- Entre (a) o tamanho de frases musicais e (b) a capacidade pulmonar humana, o que faz com que boa parte das frases musicais tenham de 2 a 10 segundos de duração.[31]

Tagg aponta ainda que, apesar de essas áreas de relações conotativas estarem ligadas bioacusticamente a parâmetros musicais (como pulso, timbre, duração) e, portanto, permitirem que sejam pensadas como questões musicais universais, isso não significa que as respostas emocionais a cada situação e fenômenos sejam as mesmas dentro de uma mesma cultura e, ainda mais, entre culturas diferentes. Ele explica:

> Uma razão para essa discrepância é que os parâmetros musicais mencionados na lista de "universais" (pulso, intensidade percebida, duração de frases, e certos

aspectos de timbre e alturas) não incluem (grifo dele) o modo no qual os parâmetros rítmicos, métricos, timbrísticos, tonais, melódicos, instrumentais ou harmônicos são organizados e relacionados uns aos outros dentro do discurso musical. Tal organização musical pressupõe algum tipo de organização social e contexto cultural antes de ser criada, entendida ou, de outra forma, investida de significado. Em outras palavras: somente certos tipos de conotação bioacústica extremamente gerais podem ser considerados como questões transculturais universais em música. Por consequência, mesmo se as fronteiras músico-culturais não necessariamente coincidirem com as da linguística, é bem falacioso considerar a música como linguagem universal.[32]

Por último, Tagg tece considerações sobre o caráter coletivo da música e sua influência na comunicação musical. Ele salienta:

[...] que a comunicação musical pode ocorrer entre um indivíduo e ele mesmo, entre dois indivíduos, entre indivíduo e grupo (e o contrário), entre indivíduos dentro de um mesmo grupo e entre membros de grupos distintos. Sendo assim, a música – assim como outras formas de expressão artística coletiva, como a dança – é particularmente apta a expressar

> mensagens coletivas de identidade corporal e afetiva dos indivíduos, relacionadas a eles mesmos, aos outros, e aos entornos social e físico.[33]

Constatamos, então, que a sonoridade expressa um conjunto de fatores que interagem entre si e que incluem: os instrumentos utilizados; o uso dos artefatos de linguagem musical (alturas, escalas, ritmos, timbres); os significados atribuídos aos fenômenos e sensações sonoras e musicais; e como estes significados são praticados e experimentados. Isso explica a variação qualitativa nas valorações dos sons e da música ao longo dos tempos e em distintos locais e situações.

Apesar das questões qualitativas aqui apontadas estarem presentes no processo musical desde o início dos tempos, o que faltou falar é que elas voltam a ser ressaltadas pelo advento das tecnologias de gravação e reprodução sonora, quando a escuta ganha uma ressignificação. E é de se esperar que, uma vez que as variações valorativas e significativas do som são dependentes de contextos local e temporal (de onde e de que época), quando surge a gravação como um processo que liberta a performance musical de suas relações loco-temporais, a relação da escuta com o fenômeno musical e sonoro seja significativamente alterada.

Essa mudança na escuta é o que Delalande denomina como escuta contemporânea. Para ele, essa é uma escuta sensível ao que ele denominou como *som* (grifo dele), que, para a ideia desse livro, é um conceito expandido da sonoridade.

Nas palavras dele:

> Captar os sons e reproduzi-los sobre instalações que, a partir dos anos 1950, com o disco em microssulcos e a *alta-fidelidade* tornam-se, de fato, bastante fiéis, teve, como consequência, a criação de uma escuta contemporânea, particularmente sensível àquilo que se denomina hoje *som*, num contexto particular. Mencionamos, assim, o *som* do jazz da mesma forma que o *som* do cravo, de um grupo de rock, de um selo discográfico ou de um conjunto barroco. O *som* é uma extensão do conceito de timbre, aplicado contudo a objetos musicais os mais variados, para qualificá-los esteticamente [Delalande, 2001]. É inquietante constatar como a busca de um *som* marcou a produção musical de todos os gêneros indistintamente, a partir do momento em que os meios técnicos permitiram sua captação.[34]

Portanto, o que vemos é que a ideia de sonoridade pode ser entendida de uma maneira expandida, além do que tradicionalmente entendemos pelo termo, como algo associado ao conceito de timbre e de som em si (pelo menos no campo da música). Apesar de o que foi exposto transitar por processos e fatores que muitas vezes estão além do que cerca o conceito de sonoridade, precisamos entender os engendramentos que ocorrem entre eles, pois, ao que parece, o conceito de sonoridade pode ser melhor entendido pela ideia de qualificação sonora multifatorial e multiprocessual, componente do sistema que entendemos propriamente como música. Sonoridade seria, então, um subsistema componente de um jogo presente no sistema valorativo que chamamos de "música". Antes, porém, cabe contextualizar a ideia de sistema, que está na base do processo de construção da sonoridade.

1.2 Construção da sonoridade

A discussão nos itens anteriores sobre o conceito de sonoridade visa a fundamentar e ressaltar as características multifatoriais que cercam a ideia do que vem a ser tal termo. Portanto, a sonoridade é aqui entendida como uma metáfora, uma ideia expandida com base no seu conceito mais usual no campo da música. Não é bem um conceito que se fecha e se encerra de maneira única, mas algo dinâmico e de natureza sistêmica. A sonoridade vem, portanto, de um jogo sistêmico entre suas componentes, que ora podem ser mais importantes e referenciadas por suas questões físico-perceptivas, ora podem ser mais importantes por suas considerações simbólicas e semióticas, variando conforme a situação de experiência e prática.

A respeito de sua natureza sistêmica, cabe definir o que se entende por sistema antes de se chegar ao processo de construção da sonoridade em si. A ideia de sistema adotada aqui segue o proposto por Renato Rocha Lieber:

> Sistema é, portanto, uma forma lógica de apreensão da realidade. Ao se formular sistemas, não se busca um "reflexo" do mundo real, mas sim a descrição ou destaque daqueles "traços" da realidade, cujo conjunto permite a percepção de uma condição de ordem e a proposição de uma forma operativa voltada para um dado objetivo. Nestes termos, pode-se definir sistema como uma "coleção *de entidades*" ou coisas, relacionadas ou conectadas de tal modo que "formam uma unidade ou um todo", ou que "propiciem a consecução de algum fim lógico a partir dessas interações conjuntas". Cada componente se relaciona pelo menos com alguns outros, direta ou indiretamente, de modo mais ou menos estável, dentro de um determinado período de tempo, formando uma *rede causal*. As *entidades* podem ser tanto pessoas, máquinas, objetos, informações ou mesmo outro sistema, no caso, *subsistema*. Essas mesmas podem ser *inerentes* (internas) ao sistema ou *transientes* (em movimento) a ele. O sistema estabelece uma fronteira e tudo que é externo a ele é chamado de *meio ambiente* do sistema.[35]

Essa ideia de entendimento da realidade por uma visão sistêmica também é apresentada por Bunge. Para ele, tudo é um sistema ou componente de um sistema (um subsistema). Isso se aplica tanto para coisas mais concretas e de natureza física, quanto para ideias e símbolos. Um sistema é um todo que não pode ser reduzido à soma de suas partes, pois as funcionalidades destas se articulam de maneira a criar funções e funcionalidades próprias ao sistema, mas não às partes isoladas. É essa visão sistêmica que dá margem para o conceito de emergência apresentado por Bunge, como uma propriedade de um sistema que não se apresenta em seus componentes. Emergência é, portanto, uma característica que combina duas ideias: novidade qualitativa e sua ocorrência no curso de algum processo que acompanha a formação de um todo, de um sistema.

Assim, o que se propõe aqui é o entendimento da música por uma realidade sistêmica, como também propõe Gil Nuno Vaz:

> A concepção de "sistema" é adotada como realidade ontológica do fato musical, segundo uma Teoria Geral de Sistemas em elaboração, da qual faço uso principalmente através dos escritos de Mario Bunge, Avenir Ueymov e Jorge de Albuquerque Vieira. Isso significa considerar a música como um conjunto de componentes, envolvidos por um determinado ambiente, que desenvolvem relações entre si e com o ambiente, apresentando propriedades que transcendem as características isoladas de seus

componentes. [36]

Por esta perspectiva, sonoridade é uma componente e, ao mesmo tempo, uma das propriedades emergentes do sistema <Música>. Ela ajuda a definir relações sistêmicas com a experiência e a prática musical, em que uma influencia e sofre influências da outra. Ao mesmo tempo, pelas próprias naturezas multifatorial e multiprocessual apresentadas na seção anterior – o que nos faz qualificar a experiência sonora em suas diversas instâncias –, a ideia de sonoridade pode ser entendida, também, como um subsistema do sistema <Música>. Apesar da aparente complexidade que envolve esse entendimento, as ideias ficam mais claras quando nos defrontamos com questões mais palpáveis, por exemplo, como a noção de sonoridade se constrói por diversos fatores, postos a seguir.

1.2.1 Fontes sonoras e sua utilização por músicos

Fontes sonoras são os objetos produtores de som. É a componente mais básica da sonoridade. Como já discutido em seção anterior, nosso sistema auditivo se desenvolveu com uma capacidade de identificar uma enorme variedade de transientes e suas características. Junto com outras características acústicas (componentes espectrais, formantes etc.), essas informações todas são compiladas com base em sensações que, por sua vez, articulam-se para se transformar em índices do objeto produtor de tal som. Ou seja, elas nos permitem identificar se o som vem da fala de uma pessoa, de um instrumento musical, de uma máquina, enfim, qual a fonte física do som.

No entanto, como podemos constatar, ao longo da história musical nem toda fonte sonora se prestou a um uso primariamente musical. Até onde podemos destacar, esse papel ficou a cargo dos instrumentos musicais, objetos especialmente planejados e desenhados para tal fim, de modo que não seria nenhum exagero dizer que estamos diante do dilema "ovo ou galinha": quem veio primeiro? A música, que demandou instrumentos para ser concretizada, ou os instrumentos musicais, que permitiram que atribuíssemos valoração musical aos sons? É um campo especulativo, mas o que importa é que o caráter altamente interativo que existe entre instrumento musical e artefatos musicais humanos sugere outra questão importante: desde seu início, a prática musical lida com processos de manipulação sonora. O som de um instrumento musical nada mais é do que uma resposta a um estímulo (sopro, percussão, fricção etc.) aplicado a uma fonte de produção sonora. O modo como um instrumentista interage com seu instrumento nada mais é do que um controle fino da manipulação do som que tal instrumento pode produzir.

Nesse sentido, os instrumentos musicais, de certa forma,

autorizam seus modos de uso e manipulação, como aponta Jacques Attali.[37] Ele os vê como aparatos que podem levar a novos modos de percepção musical e de compreensão. Assim, instrumentos são cruciais na busca pelo conhecimento do som, pois eles representam o nexo onde os códigos abstratos do *métier* musical encontram uma materialidade pela qual a música é produzida. Attali vai além: "Induzir pessoas a compor utilizando-se de instrumentos pré-definidos não consegue levá-las a um modo de produção diferente daquele autorizado pelos próprios instrumentos. Essa é a armadilha".[38]

Foi o que ocorreu com a grande transformação causada pelo advento das tecnologias de gravação e reprodução sonoras, que trouxe novas perspectivas para o uso das fontes sonoras na música. Se antes de tais tecnologias a música era intimamente ligada a sons provenientes de instrumentos musicais, agora qualquer som se torna passível de ser usado musicalmente, ocorrendo uma ressignificação de todo o processo musical, desde sua prática até sua experiência. Juntando-se a isso, temos, ao longo dos séculos XX e XXI, o desenvolvimento das tecnologias eletrônicas e digitais, que também ampliaram a paleta sonora para além das capacidades acústicas dos instrumentos tradicionais. De fato, gravação, reprodução e processos eletrônico e digital de produção sonora se amalgamaram de tal jeito nos tempos atuais que é difícil até mesmo delimitá-los.

Com todo esse processo de transformação que ocorreu,

o que se pode dizer em relação às fontes sonoras é que elas foram ampliadas para além dos domínios dos instrumentos musicais tradicionais, o que implica algumas mudanças:

    a. A manipulação de sons extrapola os domínios de causalidade da relação entre gesto e som – como ocorre em instrumentos musicais mais tradicionais. Em diversos instrumentos eletrônicos e digitais, o controle cronológico dos eventos sonoros se dá por processos que envolvem uma relação intermediada entre o gesto e o som;

    b. Se, por um lado, instrumentos tradicionais tendem a ser autorreferentes musicalmente (em termos indiciais), por outro, os sons "para-musicais" (por falta de um termo melhor) muitas vezes referenciam ações (machadadas, socos, quedas etc.) e coisas (pássaros, alarmes, buzinas, fogo etc.), assumindo um caráter indicial de algo além dele próprio. Apesar de tais sons poderem ter sido usados de maneira musical anteriormente à era da gravação, um uso mais sistemático e realmente incorporado à paleta musical contemporânea só se deu após o advento da gravação, como podemos atestar pela obra de diversos artistas, como Spike Jones, John Cage, Pierre Schaeffer etc., e por artistas de RAP, música eletrônica dançante, entre outras variadas formas de manifestação musical. O poder de manipulação sonora acentuado permitiu, inclusive, que se pudesse desfazer a relação indicial entre um som e sua gravação, como propôs Schaeffer com a música concreta. Com isso, temos, também, uma ressignificação do ruído, do som, da materialidade sonora e do que vem a ser entendido como musical;

c. A manipulação sonora em fontes sonoras eletrônicas e digitais demanda outra forma de prática, muito mais ligada ao planejamento de sons e eventos. São práticas musicais que envolvem programação, processamento de sinais, redefinição de processos interativos e interfaces de manipulação, entre outras questões, o que faz com que sejam redefinidas, também, as noções de performance e luteria. Se em instrumentos tradicionais a moldagem do som se deve tanto à forma de tocar (*staccatos, pizzicatos, sforzatos*, suave, forte etc.) quanto à construção das características acústicas dos próprios instrumentos — tipo de corda, de membrana, de caixa de ressonância, e outras (a forma de tocar depende da construção) —, em instrumentos eletrônicos e/ou digitais configura-se tudo: editam-se parâmetros como ataque, decaimento, reverberação, componentes espectrais, filtragem etc. Além disso, configura-se a forma de interagir com a produção sonora: interfaces diversas (teclados, captadores hexafônicos, sensores de sopro, acelerômetros, botões, alavancas etc.) para controlar a moldagem do som. Podemos dizer, como anteriormente citado, que é uma performance sonora mediada por interface, ao invés de uma performance sonora diretamente causal (responsiva a um gesto). Isso reconfigura as habilidades gestuais requeridas, o que reconfigura, também, a teatralidade e a corporeidade do processo performático.

De tudo isso já colocado, podemos perceber que houve um incremento considerável dos tipos de sons, das formas como percebemos e interagimos com as fontes, bem como do que pode ser usado como fonte sonora e como essa fonte pode ser utilizada para se construir uma determinada sonoridade. A combinação de fontes sonoras que podemos fazer hoje em dia em uma música vai muito além do que qualquer tratado de orquestração poderia cobrir. E a forma como as fontes sonoras podem ser capturadas e moldadas em uma gravação aumentam ainda mais as possibilidades sonoras. A paleta sonora e musical expandiu-se tanto que demandou uma nova forma de escutar as coisas. Nas palavras de Fernando Iazzetta:

> A partir do surgimento da fonografia houve um progressivo condicionamento da escuta ao material musical gravado e reproduzido por alto-falantes. A mudança gerada pela mediação tecnológica em relação à escuta musical não foi apenas contextual, mas alterou significativamente a relação que os ouvintes estabelecem com a música. Escutar é um exercício, é prestar atenção a alguma coisa, é uma

atitude em relação a um conteúdo sonoro. É também uma atitude multissensorial.[39]

1.2.2 Objetos sonoros

A citação de Iazzetta aponta para as bases que possibilitaram a criação do conceito de objeto sonoro, ideia que nos parece abordar melhor a miríade de possibilidades sonoras existente hoje. Tal ideia é proposta por Pierre Schaeffer em seu *Traité des Objets Musicaux*, a partir do que ele chamou de escuta reduzida, conforme explicitado na seção anterior. Ao agregado de formas e matéria sonora Schaeffer deu o nome de objeto sonoro, entendido então como qualquer fenômeno sonoro percebido de maneira independente de suas características indiciais e simbólicas. É uma percepção complementar, intencional e ativa. Percebemos o som por suas características espectromorfológicas e pelas sensações que elas suscitam.

Apesar do que Schaeffer propôs ter ocorrido em um contexto de pesquisa estética e técnica acerca do uso das tecnologias de gravação para a produção sonora, que suscitou seus escritos e trabalhos sobre o que chamou de música concreta, podemos pensar que tal procedimento de escuta pode se dar em qualquer contexto musical. E ele acontece ainda mais com os sons provenientes de processos eletrônicos e digitais, em razão da capacidade de manipulação destes, o que gera uma gama enorme de qualidades sonoras a serem experimentadas. A concatenação/combinação/criação de objetos sonoros seria então uma espécie de "orquestração" por sonoridades, em que este termo é entendido pelo seu conceito mais usual no campo da música. Na música orquestral os objetos são definidos por texturas provenientes de combinações instrumentais, combinações de registros, de notas, articulações, formando timbres, massas sonoras ou, como dito, sonoridades. Mesmo em instrumentos tradicionais solo (como o piano), temos a exploração das possibilidades e qualidades sonoras por combinações de registros, densidades de notas, uso de pedais, tipos de toques e articulações, o que cria objetos sonoros diversos dentro de uma mesma fonte sonora.

Porém, há um problema encontrado nessa terminologia: a literatura produzida sobre as ideias de Schaeffer torna o assunto meio movediço, pantanoso, um território fértil, porém complexo e complicado academicamente. Com isso, os conceitos e ideias podem ficar facilmente borrados e inconsistentes, dificultando a sua utilização plena como referência conceitual fora de seus domínios. Didier Guigue nos mostra isso:

> Em *Une Étude...* e em publicações ulteriores, utilizo, em lugar de *unidade sonora composta*, a expressão *objeto sonoro*, sempre sublinhando, no entanto, que não se trata mais, como em Pierre Schaeffer (a quem ela faz referência), de uma entidade integrando as

> estratégias da percepção dos sons, de um "correlato da escuta reduzida", mas de uma estrutura complexa gerada pela interação de vários componentes da escrita musical, cuja articulação é susceptível de suportar a forma, no todo ou em parte. Eu já desconfiava: "É possível que a dificuldade de uma abordagem no nível imanente do objeto sonoro se deva a um mal-entendido quanto à sua natureza", e eu frisava que ele se definia "menos pelos seus componentes internos, isoladamente, que pelas suas particularidades diferenciais que mantém com o ambiente, pelas suas propriedades dinâmicas, sua capacidade de carregar o devir da obra".[40]

Cabe aqui outra pequena contextualização: Didier Guigue traça o conceito de sonoridade como sendo as citadas unidades sonoras compostas. É uma ideia que encontra vários pontos de contato com teorias baseadas na Gestalt, alguns outros pontos de contato com teorias linguísticas, e que sinaliza em direção a uma compreensão sistêmica:

> Na base da proposta metodológica utilizada neste livro se encontra a *sonoridade*, expressão usada especificamente no sentido de *unidade sonora composta*. Formada da combinação e interação de um número variável de *componentes*, a sonoridade é um *momento* que não tem limite temporal *a priori*,

> pois pode corresponder a um curto segmento, a um período longo, ou até a obra inteira. Sempre será um *múltiplo*, que se coloca, no entanto, como unidade potencialmente morfológica, estruturante. É um conceito muito próximo do que Lachenmann chamou de *Strukturklang*, uma ordem "formada de componentes heterogêneos, produzindo um campo de relações complexas pensado em todos os seus detalhes", como o é, em suma, "qualquer obra que forma um todo coerente". Essa unidade depende, portanto, da existência de elementos que se juntam para formar seu conteúdo: por essa razão é que dizemos que ela é *composta*, retendo, simultaneamente, o sentido geral e o sentido musical do termo.[41]

Apesar dele utilizar suas bases metodológicas para estudar as obras de tradição erudita (como Debussy, Messien, Boulez, Bério etc.) e de utilizar tal conceito para analisar as obras com base na escrita, algumas ideias parecem bastante interessantes para entender questões sobre a sonoridade e os objetos sonoros de maneira geral e ampla. Penso que cabe, então, delimitar como este conceito será utilizado neste livro: aqui, objeto sonoro é um agrupamento abstrato de algo passível de segregação perceptiva em um elemento identificável como uma unidade, seja proveniente de uma ou mais fontes sonoras combinadas, ou mesmo de combinações sonoras geradas por processos manipulativos do som.

Assim, temos que objeto sonoro pode ser uma textura, um padrão rítmico, um comportamento do timbre de um som, um *riff*, um *loop* etc., desde que sejam percebidos em unidade, como um agrupamento estruturante de uma música. De certa forma, essa ideia tem seus pontos de contato com alguns autores, como Tagg e Clarke.

1.2.3 Estilo

Outra questão que entra em conta quando falamos de sonoridade é a ideia de estilo. Pela sua etimologia, estilo vem do latim *stilus*, que indica um instrumento de escrita, uma espécie de caneta primitiva. Por desdobramento semântico, estilo seria, por assim dizer, um modo de escrever. O problema é delimitar esse conceito no campo da música, uma vez que ele pode se referir tanto a questões individuais quanto a questões mais genéricas.

Estilo pode nos dizer sobre os cacoetes de um artista, sobre suas escolhas tanto do material sonoro, quanto do discurso criativo, sobre o seu modo de compor. É um conjunto que só acessamos pelo confronto com algo já percebido anteriormente e que tem como resultante a criação de um senso de identidade. Nesse sentido, o estilo tem um certo caráter de índice: não um índice de uma fonte sonora, mas de uma fonte de manipulação do som, um índice de individualidade e originalidade. É um índice culturalmente definido e construído na interação

SONORIDADE: CONCEITO E CONSTRUÇÃO

entre o som produzido por quem o manipula, suas escolhas para tal modelamento sonoro, e a percepção disso tudo em um contexto próprio.

Porém, estilo pode ser um indicador simbólico de um gênero musical, como aponta Philip Tagg. Ele coloca o estilo como um dos quatro tipos de signo musical. Nas suas palavras:

> Um indicador de estilo é qualquer estrutura musical ou conjunto de estruturas musicais que são tanto constantes quanto tidas como típicas ao estilo musical "de origem", por pessoas de uma cultura que possui pelo menos dois diferentes estilos musicais. Em outras palavras, estamos falando sobre normas composicionais de qualquer estilo dado. Assim, uma música que use alguns poucos acordes (e raramente invertidos), mas mostrando uma abundância de inflexões vocais e instrumentais (de tipos particulares) poderia ser considerada como um indicador estilístico de blues, ao invés de um classicismo vienense, assim como a abundância de acordes diferentes, frequentemente invertidos, e pouca inflexão vocal e instrumental pode ser tomada como indicativo de um classicismo vienense ao invés de um blues. Indicadores de estilo, como é bom acrescentar, podem ser usados por estilos musicais diferentes de sua origem, como uma sinédoque de gênero. Por exemplo, apesar do som de uma guitarra "*lapsteel*" no *country* americano

agir frequentemente como um indicador do gênero "*country*", ela começou sua história dentro desse gênero como uma referência de estilo da guitarra havaiana, sendo assim uma sinédoque de gênero para algo exótico. Tal incorporação de um elemento "estrangeiro" como algo próprio a outro estilo se deve em parte, claro, a um processo de aculturação, mas é útil notar essa distinção, uma vez que um mesmo elemento musical pode conotar coisas bem diferentes para diferentes pessoas, ou grupos de pessoas, em diferentes pontos no tempo e espaço.[42]

O que podemos ver é que certos gêneros musicais possuem algo como uma assinatura sonora que os identifica, um elemento ou conjunto de elementos que se entrelaçam para formar uma "marca de escrita" daquele gênero.

Portanto, estilo remete tanto ao nível individual quanto ao nível de uma construção social de uma identidade estilística pertinente a um gênero musical. Embora ambos os aspectos influenciem na moldagem de um som, o último é o que nos interessa mais aqui, em termos de qualificação do som, muito embora o estilo individual de um artista tenha participação grande nas definições de um gênero musical. Interessa-nos mais por ser uma instância de qualificação do som em termos de autenticidade e de originalidade, conceitos que significam muito na música popular. Entre outras coisas, o estilo ajuda a compor o campo simbólico que delimita o território de ação do som, onde ocorre o que chamo de diálogo qualitativo simbólico: a assinatura musical propõe a seus consumidores uma forma de entendimento e de consumo dos sons presentes em um determinado contexto cultural.

1.2.4 Território sonoro

Território sonoro diz respeito a algo que o som e, consequentemente, as sonoridades traçam. Nos seres vivos, de maneira geral, o território delimita um campo de ação, um domínio de operação de um agente em um espaço definido. Essa delineação se dá, mais comumente, pelo uso dos sentidos: olfato, audição, visão etc. Um cão delimita seu território ao imprimir sua marca olfativa em certos lugares por meio de sua urina. Macacos e pássaros delimitam seus domínios, territórios e formas de agir pelo uso de cantos e gritos. O som tem sido, ao longo dos tempos, um fator de delimitação territorial. Seus índices, sua morfologia e sua ocorrência criam marcas, delimitam sua ação e sua percepção. Delimitam, portanto, um território sonoro.

Esta ideia tem certas afinidades com as ideias discutidas por Giuliano Obici a respeito do conceito de território em Deleuze e Guattari. Ele tece considerações da seguinte forma:

> São essas questões que permeiam a noção do território sonoro, uma espécie de arqueologia acústica que não se pauta necessariamente na história musical, mas

que parte dos pensamentos desenvolvidos nessa arte para entendermos os percursos do sensível e da escuta. Pensamos a partir do movimento de desterritorialização e reterritorialização que o trítono-ruído institui nos desdobramentos musicais europeus, não especificamente no aspecto da afinação. As referências agora são outras. Território sonoro, *esquizofonia*, biopolítica e biopoder sonoro estão produzindo escutas, criando subjetividades a partir de outros meios que não só o musical-tonal-serial-minimal-eletroacústico. O território sonoro não é uma questão que circunscreve apenas a música, embora se faça presente entre os seus problemas. É uma questão de delimitação de espaço de consumo, tanto quanto de poder, porque um território nunca está pronto, ele é criado, produzido, assim como se criam relações a partir dele. Entende-se que nossa escuta, visão, tato, todos os nossos sentidos estão sendo colocados nesse plano. Nosso mundo sensível está posto a trabalhar, produzir, instituir morais e desejos, tanto quanto formas de vida, modos de escuta. É pensando nessas questões que propomos o território sonoro para além de uma afinação do mundo.[43]

De certa forma, isso encontra apoio no que Jacques Attali escreve em seu livro *Noise: the political economy of music*: que o campo da música e de sua economia política podem ser vistos como uma sucessão de "ordens", descritas por ele como diferenças, violentadas pelo que Attali denomina como "ruído" – um questionamento das diferenças. "O 'ruído' teria um caráter profético por criar novas 'ordens', instáveis e mutantes".[44] Música, para Attali, deveria servir como "um lembrete aos outros de que cada instrumento, cada ferramenta, teórica ou concreta, implica em um campo sonoro, um campo de conhecimento, um universo imaginável e explorável".[45]

Portanto, a música e o som, com todas as formas de qualificações, criam, delimitam e trabalham em territórios simbólicos. Essa ideia pode servir para nortear a configuração de um trabalho artístico que dialogue com seu tempo e sua sociedade. Com quem ou o que se está dialogando, em qual território se está transitando, tensionando, gerando ruído e novas ordens, tudo isso são fatores e referências para construir sonoridades.

1.2.5 Considerações

De maneira geral, podemos pensar, então, que a construção da sonoridade de um trabalho musical se dá pelas questões apontadas: a escolha das fontes sonoras e como elas devem ser manipuladas para obter certos objetos sonoros. A combinação desses objetos visa a obter originalidade estilística, tanto individual, quanto em um diálogo com um gênero musical, o que propõe um campo de atuação para tal trabalho, um espaço de consumo, um território simbólico. Como todos esses fatores são trabalhados de maneira mais detalhada é o que veremos a seguir.

Notas do capítulo 1

1. BEAMENT, 2005.
2. FISCHER, 1999, p. 69.
3. "A linguagem humana moderna nasce através da sintaxe, algo que se tornou tão absolutamente essencial à humanidade, mas que falta às 'linguagens' não humanas na natureza: regras que governem o modo como palavras e elementos de frases e sentenças são conectados de modo a produzir sentido" (FISHER, 1999, p. 64).
4. FISCHER, 1999, p. 56.
5. BEAMENT, 2005, p. 2-3.
6. BEAMENT, 2005, p. 10.
7. BEAMENT, 2005, p. 13.
8. BEAMENT, 2005, p. 2.
9. BEAMENT, 2005, p. 3.
10. BEAMENT, 2005, p. 13.
11. BEAMENT, 2005, p. 6.
12. BEAMENT, 2005, p. 134.
13. BEAMENT, 2005, p. 5.
14. BEAMENT, 2005, p. 134.
15. BEAMENT, 2005, p. 138.
16. BEAMENT, 2005, p. 18.

17. BEAMENT, 2005, p. 15.

18. O texto escrito já é, em si, uma forma notada de sons da fala. O desenvolvimento da linguagem escrita é intimamente ligado ao desenvolvimento fonológico, como atestam estudos nessa área. O próprio processo de alfabetização, de maneira simplificada, é um processo de aprendizado associativo entre o som da fala e letras, com todas as suas formas de combinações em palavras e frases.

19. HUGILL, 2008, p. 19-20.

20. PALOMBINI, 1999, p. 6.

21. ANDRADE, 2004, p. 24.

22. MUZKAT; CORREIA; CAMPOS, 2000, p. 73.

23. ANDRADE, 2004, p. 22.

24. BEAMENT, 2005, p. 4-5.

25. TAGG, 1999, p. 3.

26. TAGG, 1999, p. 16.

27. TAGG, 1999, p. 17.

28. TAGG, 1999, p. 17.

29. TAGG, 1999, p. 17.

30. TAGG, 1999, p. 17.

31. TAGG, 1999, p. 17-18.

32. TAGG, 1999, p. 18.

33. TAGG, 1999, p. 18.

34. DELALANDE, 2007, p. 53.

35. LIEBER, [20--], p. 1-2.

36. VAZ, 1998, s/n.

37. ATTALI, 1985.

38. ATTALI, 1985, p. 141.
39. IAZZETTA, 2009, p. 37.
40. GUIGUE, 2011, p. 49.
41. GUIGUE, 2011, p. 47.
42. TAGG, 1993, p. 28.
43. OBICI, 2006, p. 88.
44. ATTALI, 1985, p. 19.
45. ATTALI, 1985, p. 133.

SONORIDADE: CONCEITO E CONSTRUÇÃO

E

S

R

R

C

R E

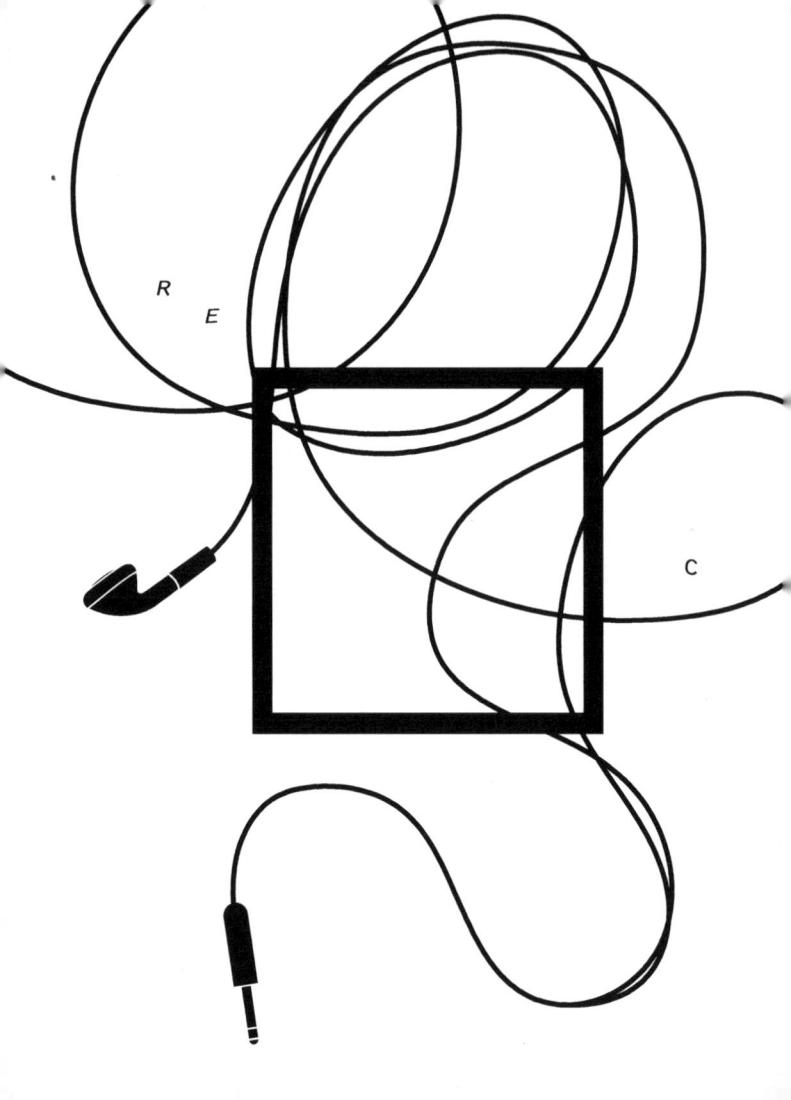

C

2

O SOM GRAVADO E A MÚSICA POPULAR

Conforme o que foi apontado no capítulo anterior, a fonografia mudou a forma como nos relacionamos com a música e com os sons. Ressaltou a necessidade de uma nova postura de escuta, em que a sonoridade ganha força como geradora de ruídos, novas ordens e territórios de consumo para sons e música. Entre as várias mudanças ocasionadas por este fato temos a ascensão significativa do que ficou conhecido como música popular, em um senso mais comum, a despeito das armadilhas conceituais que tal termo propõe.

Sem entrar no mérito dessas questões, música popular aqui é tomada como uma grande generalização idealizada para um conjunto de territórios, práticas, espaços, ideologias, signos e sons que cobrem manifestações musicais de ordens distintas e complexas, porém não ligadas diretamente à tradição da música de concerto, geralmente conhecida como erudita. Isso engloba a chamada música popular urbana, diversas formas de canções, a música eletrônica dançante, enfim, uma música ressignificada, pós-advento da indústria fonográfica, com todos os seus gêneros e práticas. Ainda assim, é um terreno minado, pois todas estas ideias são definidas de maneira bem fluida e pouco delimitada, afinal

> [o popular] não pode ser definido tanto apelando-se para um padrão estético objetivo (como se fosse algo inerentemente diferente da arte) quanto para um padrão social objetivo (como se fosse algo inerentemente determinado por quem faz ou para quem é feito). Ao invés disso, deve ser visto como uma esfera na qual as pessoas lutam em uma realidade e por seus lugares nela, uma esfera na qual as pessoas estão continuamente trabalhando com e dentro de relações de poder já existentes, para que suas vidas melhorem e façam sentido.[1]

Além disso,

> [...] o "popular" não apenas envolve produtos culturais (CDs, videoclipes, shows e apresentações) que são numericamente ou financeiramente bem sucedidos em diferentes países, mas constituem: o domínio dentro do qual os gostos vêm e vão; o contexto social

> no qual emerge fãs com distintas conexões culturais para um som ou um artista; os espaços humanos que são criados para a apreciação da música. Não há pois como ter uma definição formal de música popular.[2]

Dito isso, vamos às relações que a gravação musical teceu com essa música popular. Entre as várias implicações que tal prática trouxe a este domínio, temos a consolidação de certo padrão de duração para as canções que, de forma geral, possuem de três a quatro minutos. Isso se deu bem no início da era da fonografia, em razão da vivência de anos de experiência (aproximadamente de vinte a trinta anos) com uma mídia adequada apenas para suportar esse tempo de gravação – os primeiros rolos e discos de gravação mecânica. As músicas eram rearranjadas e/ou elaboradas para que coubessem dentro desse limite de duração.

Com o sucesso comercial das gravações de músicas oriundas de cantos e canções populares,[3] houve uma ressignificação e uma nova territorialização da música popular, até então mais rural e vinculada ao folclore. Houve, assim, a ascensão da música popular urbana e a sua transformação simbólica, que, entre outras questões, passou a ser mais reconhecível como um produto, como uma *commodity*, pelo menos por parte de seus produtores. No entanto, cabe ressaltar que todo esse processo ocorre baseado em um constante diálogo e interação sistêmica entre produto e ambiente, construído entre produtores e consumidores. Conforme aponta Simon Frith, esse processo ocorre conforme as regras de gênero musical, conceito que ele trabalha pelas ideias de Franco Fabbri. Nas palavras de Frith:

> O valor da abordagem de Fabbri aqui é que ela elucida como as regras de gênero integram fatores musicais e ideológicos, e porque *performance* (grifo dele) deve ser tratada como algo central para a estética da música popular. Eu poderia reorganizar os argumentos de Fabbri dividindo suas regras, de maneira mais ordenada, em convenções sonoras (o que se ouve), convenções de performance (o que se vê), convenções de embalagem (como um tipo de música é vendido), e valores incorporados (a ideologia musical). Mas isso seria apenas para quebrar as conexões (somente por questões analíticas) que Fabbri estava preocupado em enfatizar. O modo particular que um guitarrista toca uma nota na guitarra, por exemplo, (seja ele George Benson ou Jimi Hendrix, Mark Knopfler ou Johnny Marr, Derek Bailey ou Bert Jansch) é a um só tempo uma decisão musical e gestual: é a integração do som e do comportamento na performance que confere à nota seu "sentido". E nada, além disso, é o que torna impossível fundamentar explicações sobre música popular pelo consumo. Não é suficiente assumir

> que *commodities* somente se tornam culturalmente valorizadas quando a elas são atribuídas "sentido" pelos consumidores: elas só podem ser consumidas porque *já são investidas* (grifo dele) de "sentido", porque músicos, produtores e consumidores já estão enredados em uma teia de expectativas de gênero.[4]

Com isso, Frith resume bem o que está no cerne da maior questão que a fonografia talvez tenha exacerbado no que tange à música popular: a criação e desenvolvimento dos gêneros musicais.

2.1 Gênero musical

"Gêneros diferentes servem-se de sons, instrumentos e técnicas diferentes; são dirigidos a ouvintes diferentes; referem-se a ideias diferentes do que seja musical e do que soe bem".[5]

A discussão no capítulo anterior sobre a construção da sonoridade enumerou e apontou os fatores que entram em conta para tanto. E o último fator nos diz sobre o território sonoro que cada som e cada música – como sons – delimitam. A respeito desse tema, podemos pensar, então, que aquilo que costumamos chamar de gêneros musicais nada mais é do que territórios sonoros, campos simbólicos de atuação e de consumo dos sons. Entretanto, cabe aqui uma discussão um pouco mais aprofundada sobre essa ideia, fundamentada principalmente em Frith.

Conforme Frith declara, essas formas de rotulação da música popular "estão no centro da forma de julgamento e de valoração da mesma, apesar de tudo isso ter começado como um modo de organizar o processo de venda".[6] Gêneros são uma maneira de definir a música em seu mercado, ou, posto de outro modo, de definir um mercado para uma música.

O problema começa quando nos damos conta de que tal rotulação é dependente do contexto: de quem rotula (artista, gravadoras, editoras, rádios etc.) e da funcionalidade do rótulo, ou a quem ele se destina (toda a sorte de consumidores: outros artistas, estrato social, faixa etária etc.). Dessa relação entre o rótulo, sua autoria e sua funcionalidade é que nasce a complexidade: a funcionalidade do rótulo para uma gravadora é diferente daquela para o rádio, para os editores de revistas especializadas, para os produtores de shows e para os varejistas, por exemplo. E boa parte do sucesso de uma gravadora reside no entendimento desse fato e na adoção de estratégias de rotulação bem-sucedidas em todos esses campos. As razões para estas diferenciações nas maneiras de rotular vêm de fatores distintos: às vezes por uma demanda imediata de consumidores, às vezes por um reflexo da dificuldade de classificar genericamente os padrões de consumo.[7] Outro fator que pode ser acrescentado a esta conta também reside na diferença cultural entre as nacionalidades onde é praticado o consumo fonográfico: as rádios da Inglaterra rotulam sua programação de maneira distinta das americanas, das brasileiras, das francesas etc. Pensando na maneira como as músicas são classificadas em web-rádios, vemos que certos rótulos (como, por exemplo, Forró, Axé, Samba, Bossa Nova, Baião, entre outros) só levam em consideração o seu sentido como gênero em certos países - em algumas rádios, os citados são agrupados em uma categoria generalista, como "música brasileira" ou ainda, "Música Latina" (esta última adquire outro sentido quando usada no Brasil).

Do que foi posto acima, ressalto que os agentes (gravadoras, rádio, varejistas) trabalham com o fato de que o processo de venda e de *marketing* é baseado numa relação moldável entre rótulo musical e gosto do consumidor. Entre outras consequências, isso cria a idealização de uma figura do "consumidor padrão" ou "idealização do consumo" de um determinado gênero, o que leva em conta dados como faixa etária, estrato social, orientação sexual, hábitos de consumo, etnia.

Ressalto, também, um segundo ponto descrito por Frith:

> Apesar de estarmos aqui lidando ostensivamente com qualidades sonoras, pode ser difícil dizer o que diferentes ações ou gravações em um determinado gênero têm em comum *musicalmente* (grifo dele). Isso é óbvio, por exemplo, no caso da música "*indie*". Tal rótulo se refere tanto a meios de produção (música produzida de maneira independente ao invés de

vinculada às grandes gravadoras, as chamadas *Majors*) quanto a uma atitude, supostamente incorporada em sua música, em sua audiência e, talvez no mais importante, na relação entre eles.[8]

Outra questão que cabe abordar aqui é como os rótulos de gêneros influenciam e funcionam na avaliação e prática da música popular: como um modo de organizar o processo de performance e criação. Nas palavras de Frith:

> Talvez por causa de uma lacuna acadêmica ou formal na educação musical, músicos da música popular estão acostumados a usarem os rótulos de gênero como uma maneira abreviada para sons particulares (ou *riffs*, batidas, levadas etc.). Isso fica óbvio na maneira como os músicos conversam uns com os outros durante um ensaio ou numa gravação em estúdio, em instruções dadas aos outros músicos, engenheiros e produtores, sobre suas decisões musicais e sonoras. Isso está na base da reputação atribuída aos músicos de estúdio, por exemplo, uma vez que esta reside na habilidade que os mesmos têm em responder a tais abreviações sem a necessidade de maiores explicações. E um dos serviços que dispositivos de amostragem (*samplers*) e bancos sonoros atualmente oferecem é precisamente tais sons rotulados genericamente [...].

> [...] O discurso dos gêneros musicais depende, em outras palavras, de certo conjunto de conhecimentos e experiências musicais compartilhadas [...] O que é óbvio disso é que, também para os músicos, os rótulos de gênero descrevem habilidades musicais e atitudes ideológicas, de maneira simultânea.[9]

A título de exemplo podemos pensar nos anúncios de procura por músicos para formar uma banda, ou ainda na terminologia empregada por alguns músicos e produtores musicais, que soa quase incompreensível aos não conhecedores, como: "faça uma levada mais Jimi Hendrix!"; "Coloca mais suingue, faça essa frase mais funkeada"; "Falta um *groove* de *black music* aí".

Fica ainda mais claro, depois do exposto, que os gêneros musicais e rótulos, apesar da intenção comercial de classificá-los, descrevem e configuram um campo simbólico de adjetivos e qualificações de que se servem músicos e produtores musicais. Apesar das qualificações ocorrerem em um nível mais simbólico e semiótico – significam algo para alguém em um contexto –, elas são componentes sistemáticas do processo musical. Nele delimitam territórios simbólicos que funcionam como um sistema de valores, signos e discursos construídos, tanto processos de 1ª ordem - discursos musicais (ideia que será aprofundada mais adiante) -, quanto de 2ª ordem - discursos sobre música. E mais: no âmago desse processo sistêmico está a interação entre o músico e seu som.

Jason Toynbee resume isso da seguinte forma:

> O que está em jogo aqui é uma busca impossível para uma experiência completa e original da música, isto é, um texto perfeito no 'meio' do gênero. Como visto, o desejo do músico em repetir algo produz diferença só porque aquela sua experiência inicial é irrecuperável, pois sempre haverá uma lacuna presente em todos assuntos humanos. A questão é que, ao tentar e não conseguir repetir uma experiência ideal, emerge a variação. Por esta razão também torna-se impossível definir gênero em termos de um conjunto completo de regras. Exceções sempre hão de atravessá-las. Ainda assim, os gêneros têm regras. Repetição e variação são regulados e os músicos, inevitavelmente, seguem convenções em sua prática criativa. Esse é o paradoxo do gênero.[10]

Nesse sentido, podemos pensar que a delimitação dos gêneros musicais ocorre de maneira mais complexa e ampla do que as questões comerciais sugerem. Novamente, a perspectiva sistêmica é o que parece explicar melhor esse processo. Se por um lado os gêneros musicais funcionam como um território de atuação e consumo dos sons, por outro eles funcionam como um campo de diálogo estético, ao qual produtores e artistas fazem referência na moldagem de um trabalho artístico, sobretudo no trabalho fonográfico. Isso fica mais notável quando comparamos as práticas fonográficas para diferentes gêneros.

Na música clássica e no jazz, por exemplo, as gravações são geralmente feitas com músicos altamente treinados em suas práticas performáticas, o que implica em um alto grau de domínio das habilidades de decodificação da sua notação e de sua execução – para a música clássica –, e em um alto grau de domínio de habilidades de determinados modos de improvisação – para o jazz. Assim, suas práticas fonográficas costumam ocorrer por gravações de performances ao vivo, com pouco ou sem *overdubs* (sobreposição de gravações) e com pouco melhoramento de pós-produção (mixagem e edição: o mais comum é articular fragmentos ou *takes* diferentes para construir uma performance com os melhores trechos). A ideia é capturar uma performance "realística", um "retrato" sonoro daquele momento de performance.

Para outros gêneros, como o rock e o pop, por exemplo, a história é diferente, como nos mostra Virgil Moorefield:

> Rock e seus vários subgêneros nos contam uma história diferente: timbre e ritmo são indiscutivelmente os aspectos mais importantes desse tipo de música. Geralmente, nada além de uma letra e umas poucas mudanças de acordes estão escritos; a gravação de uma música funciona como a sua partitura, como sua versão definitiva. Não é por acidente que a ascensão do rock'n'roll aconteceu quase ao mesmo tempo que

inovações tecnológicas fundamentais como edição em fita magnética e *overdubbing*. Para o rock e pop, o interesse geralmente reside não no virtuosismo ou na complexidade harmônica, mas sim no caráter (*mood*), na atmosfera, em uma combinação não usual de sons; estes são grandemente ressaltados por uma boa produção.[11]

Mesmo assim, cabe ressaltar que:

> Os graus de liberdade para a atuação dos técnicos e produtores musicais são diferentes nos dois casos. No caso da música de concerto, que já conta com uma refinada sonoridade construída por instrumentos acústicos, o papel da gravação é o de ressaltar essas qualidades acústicas para um ouvinte que não mais vê a ação dos músicos no palco, recorrendo, muitas vezes, à gravação multicanal e mixagem posterior. Já no caso do pop, boa parte da sonoridade das peças é construída a posteriori, por meios eletroacústicos.[12]

Visto isso, a abordagem na moldagem dos sons em um processo de gravação fonográfica deve levar em conta o arcabouço simbólico, as características e negociações simbólicas dos gêneros musicais. Isso é particularmente importante para os técnicos de som e de gravação, visto que certos procedimentos devem levar em conta o material a ser gravado e os valores atribuídos a ele para que procedimentos técnicos não deformem ou borrem o diálogo desse material com seu campo e território de negociação de sentidos. Colocando de outra forma, errar a mão no uso de compressores, equalizadores e reverberações numa prática fonográfica de música erudita pode indicar mais um erro na escolha de procedimentos que não cabem ao gênero do que na configuração de tais dispositivos. Pode ser uma questão mais de filosofia técnica do que de operação tecnicista.

Dito isso, temos uma boa justificativa para que este livro se norteie por um diálogo mais intenso com gêneros musicais provenientes da matriz pop/rock, uma vez que são os campos onde houve maior apropriação e definição de atributos por uma exploração sistemática da ideia de sonoridade, ao menos pelo lado de seus registros fonográficos. Outra questão que está na base desses gêneros musicais é a ideia da canção como matéria musical principal, como a maior forma de manifestação musical.

2.2 Canção

A canção, de maneira geral e dentro de um senso comum, é qualquer manifestação musical que reúne letra e música em uma forma simples. No entanto, canção é aqui entendida como parte constituinte de uma visão sistêmica da música. Na verdade, conforme propõe Gil Nuno Vaz, a canção pode ser entendida como um sistema em si ou, de maneira expandida, como um campo sistêmico, onde há várias forças em jogo. Nas palavras dele:

> Assim, entender a Canção enquanto sistema implica considerá-la como um todo composto por um conjunto de partes (subsistemas) inter-relacionadas. Uma entidade com força própria, resultante da interação entre suas partes e destas com o ambiente. A ideia do campo de forças citado anteriormente é retomada aqui para caracterizar melhor o sistema Canção. Se considerarmos a Canção como um conjunto de sons que geram e são gerados por relações e interações, o sistema não se limita a um corpo sonoro ou a uma formalização da ideia musical (um desenho melódico, um registro físico como a partitura). O sistema se projeta como um campo de forças que atua na realidade a sua volta, criando perturbações nos sistemas em torno de si e, ao mesmo tempo, sofrendo a interferência desses sistemas vizinhos. O conceito sistêmico de Canção pode ser ampliado assim para a ideia de um "campo sistêmico", entendido genericamente como uma espécie de campo de forças gerado por um conjunto de sons, cuja dimensão é determinada pelas interações ocorridas entre o sistema Canção e outros sistemas (grifo dele).[13]

Seguindo seu pensamento, temos que a modelização

sistêmica da canção implica na constatação de várias relações sistêmicas pertinentes, por ele assim elencadas:

> 1) Vocalidade – uma vez que o uso da voz é um fator delimitativo e condiciona sua realização;
> 2) Forma poética – campo expressivo próprio condicionado à presença de uma componente linguística verbal;
> 3) Discernibilidade – textura sonora de acompanhamento que influi na percepção da canção, pela maior ou menor presença de instrumentos e vozes;
> 4) Forma musical – determinante como estrutura de organização sonora reconhecível como canção;
> 5) Duração – fator decisivo na percepção da canção;
> 6) Interação formal poético-musical – entrelaçamento das relações entre as formas musical e poética;
> 7) Contextualidade – Vinculações entre linguagens e seu ambiente sistêmico, que tecem relações de funcionalidade e interatividade com grupos sociais, coletividades, gêneros etc.;
> 8) Animogenia – capacidade que a canção – assim como qualquer expressão sonora – tem de desencadear reações físico-psíquicas;
> 9) Radicialidade – a vinculação entre as linguagens e os ritos, os valores, as práticas, as necessidades, configurando modos de uso e vínculo cultural;
> 10) Exposição – importância de uma canção, dada

por sua reiteração social, como decorrência de interesses e funcionalidades a que ela atende.[14]

Vale lembrar que o próprio Vaz ressalta que essas relações sistêmicas são apenas algumas entre outras possíveis, e que não se encerram em si mesmas. No entanto, são suficientes para determinar um campo sistêmico razoavelmente delimitado e servem para mostrar elementos que não são normalmente considerados na análise semiótica de canções.

Vaz também classifica essas relações sistêmicas por ordem de relevância, ou seja, a importância que um elemento tem para a permanência do sistema, conforme o comprometimento funcional ou vital que sua ausência pode causar. Assim ele distingue três níveis de relevância:

> 1) Matricial (maior nível) – que integram as relações entre canto, fala e movimento, como elementos simultâneos a uma expressividade corporal e mental (Vocabilidade, Animogenia, Discernibilidade e Duração);
> 2) Formal (nível médio) – dizem respeito à estruturação de linguagens básicas da canção (Forma Musical, Forma Poética e Interação Formal Poético-musical);
> 3) Reticular (menor nível) – diz respeito às relações gerais de intercâmbio que uma canção tem com o ambiente (Contextualidade, Radicialidade e Exposição).

Quando analisamos algumas canções por meio dessa

abordagem, damo-nos conta dos fatores que influenciam e que estão em jogo no trabalho da canção. Mais: tal abordagem nos leva à constatação de que há outros elementos importantes, para além do binômio letra/música. Entre eles, temos corpo e mente como fontes matriciais de significação, substrato de uma escuta indissociável do objeto a ser escutado e, portanto, dependente do observador, o que nos leva a considerar o ambiente como um fator importante para o sistema. Constatamos assim também que o segmento cultural condiciona o observador em sua escuta, direcionando o processo de significação.

Temos, assim, toda uma teia de relações que está em jogo na semiose da canção e que deve ser levada em conta na elaboração de sua realização fonográfica. É na ampla compreensão deste processo que um produtor musical ajuda a enriquecer o processo de significação de uma canção, construindo discursos musicais sobrepostos (que podem ser complementares, contrastantes ou reiterantes) aos discursos já apresentados pelo compositor/autor. Dentro da teia de relações sistêmicas presentes na canção popular, o trabalho pela ideia de sonoridade tal como proposta aqui mostra-se como uma realização articulatória dessas mesmas relações. Ao elaborar, propor, definir e realizar sonoridades em um trabalho musical, produzimos articulações entre as relações elencadas. Podemos citar como alguns exemplos as relações de discernibilidade (definição e combinação de fontes e objetos sonoros), de contextualidade (tencionar ou reiterar a inserção de uma canção em um gênero, por exemplo), de animogenia (ressaltar ou alterar as sensações e os *ethos* despertados por uma canção), de interação formal poético-musical (usando as possibilidades sígnicas para criação de múltiplos sentidos nessa interação), dentre várias outras possibilidades articulatórias. Partindo para um exemplo mais concreto, temos o fonograma da música Tédio,[15] da cantora e compositora Érika Machado, produzido por John Ulhôa, guitarrista e compositor da banda Pato Fu. Em entrevista cedida a mim, John comenta sobre a produção dessa faixa:

> Guilherme: [...] Vou dar um exemplo em alguns trabalhos que você já fez, o disco da Érika, o *No cimento*, tem uma música que você usou os sons de *video game* ['... a vida não para...' - cantarolando]
> John: [...não para pra ninguém] aquele sonzinho de oito *bits*.
> Guilherme: Aquilo ali foi uma demanda dela, foi uma demanda sua e, você chega a pensar na parte simbólica disso? Uma relação na composição mesmo, 'ah, essa música está falando de tal coisa então o símbolo... estou usando um som de vídeo game e isso aqui vai ter a ver porque a letra tem a ver com isso aqui...'
> John: Sim, eu penso isso às vezes. Quando você faz um arranjo que pode ser muito louco, muito bom, muito bacana em uma música que está pedindo um

arranjo simples ou vice-versa, é o que eu chamo de estragar a música, né? Se tem uma música que tudo o que ela pede é um arranjo 'simplão' assim e tal, e você enche de barulhinhos, você meio que mata a música, soterra a música debaixo de um arranjo complexo demais, ou inteligente demais. Esse exemplo específico é assim, sonzinhos de oito *bits* são coisas que eu já ouvi há mais tempo e as coisas no estúdio acontecem durante o processo. A Érika... eu não proporia de fazer isso no disco do Falcatrua ou da Zélia Duncan, não parece muito com eles. A Érika, o disco dela era todo cheio de brincadeirinhas, o disco que ela fez em casa. Então ela vinha com a música cheia de 'ticantin' [onomatopeia]... então talvez desse pra fazer isso aqui. E nessa mesma época eu tinha acabado de pegar um disco, um disco que era todo feito com esses sons de oito *bits*, só que era um *jazz*, jazz tocado com oito *bits*, um troço muito louco, super bem tocado, aqueles caras solando [canta] incrível. Aí eu falei, putz, vamos fazer uma música assim. Eu tinha baixado um *plug-in*, que era um *plug-in* de sons em oito bits, aí fiz aquilo lá. É certa liberdade criativa e artística, tipo, a Érika é uma artista que topa esse tipo de coisa, mas vai ter um monte de sujeito que eu não vou nem propor, ou se eu propuser eu corro o risco de ele falar, você está ficando louco cara, está estragando a música e tal, esse negócio assim. Talvez eu tenha até estragado a música mesmo. Poderia ser uma música boa, tocar nas rádios, fazer sucesso e tal. Até nesse sentido assim, que música que serve pra você fazer uma coisa dessa e falar assim 'isso aqui não parece ser uma música que tenha...' isso está subjetivo até não poder mais, quem acha isso sou eu e a Érika ali, no achismo total. Essa música aqui não parece ser uma música que eu tenha que fazer um arranjo sério e que se a gente fizer um arranjo muito louco eu vou estragar uma música que potencialmente era um *hit*, esse tipo de coisa. Não, isso aqui é uma música do lado B, vamos fazer um arranjo bem louco pra ela.[16]

O que John narra é que, ao analisar as possibilidades para a produção desta canção, ele e Érika chegaram à conclusão de que era uma música que permitia uma maior experimentação sonora. A canção não aparentava ter potencial para se tornar um sucesso comercial (*hit*), independente das noções utilizadas por eles para chegar à essa conclusão. As relações contextuais da canção com o universo pop permitiram que ela fosse tratada de outra forma, bem como suas relações contextuais com o universo sígnico do trabalho (CD) permitiram a exploração das "brincadeirinhas" sonoras.

> se eu tenho tédio
> no meu quarto
> do outro lado do mundo
> ou na esquina
> a vida não pára
> não pára pra ninguém
> se eu mato o tempo
> o tempo todo
> e o tempo
> me mata também[17]

Quando articulamos isso com a letra, fica mais aparente como a sonoridade de sons de oito *bits* (usados em antigos jogos eletrônicos e *video games*) ampliou significados para o tema do tédio. É como se, num universo particular de um quarto, alguém entediado, jogando videogame, devaneasse sobre o tempo. Isso ressalta outra ideia, própria de alguns *games*: a ideia de vida e morte dos personagens, já que o jogo acaba quando se perde a vida do jogador. Também é possível notar que o tratamento dado às vozes traz novos elementos para a vocalidade da canção, posicionando a voz dentro da sonoridade de jogo que acabou sendo construída.

É interessante constatar que a articulação de relações sistêmicas da canção, que pode ser feita, dentre outros fatores, pela sonoridade, ajuda a construir os sentidos presentes nas manifestações musicais. Outro fator que também contribui para essa construção são os discursos musicais.

2.3 Discursos musicais

A princípio, a ideia de discurso tem várias acepções baseadas em sua etimologia: discurso vem do latim *discursus* e tem o sentido de percorrer todas as partes de um assunto, tema ou opinião. Mesmo na área da linguística há vários sentidos, conforme a subárea: para a linguística frasal, o discurso é considerado como resultado ou como processo de elaboração da frase; na linguística discursiva, ele é identificado como estratégias de combinações de frases que formam o significado como um todo. Na semiótica, o discurso é entendido como "tudo aquilo que é colocado pela enunciação, pois 'enunciação' é a colocação em discurso"[18]. Eni Orlandi trata assim sua ideia de discurso:

> O uso que estou fazendo do conceito de discurso é o da linguagem em interação, ou seja, aquele em que se considera a linguagem em relação às condições de produção, ou, dito de outra forma, é aquele em que se considera que a relação estabelecida pelos interlocutores, assim como o contexto, são constitutivos da significação. Estabelece-se, assim, pela noção de discurso, o modo de existência social da linguagem; lugar particular entre língua (geral) e fala (individual), o discurso é o lugar social. Nasce aí a possibilidade de se considerar linguagem como trabalho.[19]

É mais por essa última visão que a ideia de discurso se articula com as questões até agora abordadas. Discurso é a linguagem utilizada (verbal ou não-verbal) em interação social e sistêmica com o seu território e em seu ambiente. É uma articulação de textos dados por articulações de signos, de maneira a produzir algum sentido (sensação, causalidade ou hábito) no receptor.[20]

No entanto, pensando a música como um fato social total, bem ao sentido do proposto por Jean Molino, constatamos que há dois tipos de discursos. Há os discursos de primeira ordem, que dizem respeito ao texto musical, ao ato de fazer música, que Carvalho e Segato chamaram de Musicopoiese; e há discursos de segunda ordem, que são os discursos sobre música. Eles podem ser dos enunciadores (metafóricos e racionalizadores) ou dos etnomusicológicos (de quem analisa), e foram chamados por Carvalho e Segato de Teoria. Sobre os discursos de primeira ordem, Carvalho e Segato dizem:

> [...] estão presentes processos de síntese altamente sincréticos e onde abundam evocações, citações, paródias, imitações, onomatopeias e todo tipo de recursos compositivos, permitindo que elementos de várias origens sejam recombinados permanentemente num processo constante de hibridação, o qual pelo menos do ponto de vista das técnicas composicionais, é irrestritamente inclusivo. [...] É fundamental lembrar que a realização dessa alta polissemia de

evocação está condicionada pelas limitações que lhe impõem o horizonte cultural dos auditores.[21]

É nesse processo de hibridação que se constrói o discurso musical que parte de seus produtores. Esse discurso vem de uma articulação de signos, textos musicais e, no caso da canção, de uma articulação também entre as possibilidades sígnicas entre texto poético e musical. Cada canção em um trabalho fonográfico possui um discurso em si, construído em seus materiais e na sua articulação. A articulação entre canções também cria um discurso geral dentro de um trabalho fonográfico, gerando um sentido proposto para o seu entendimento como um todo. O que um artista propõe com seu trabalho é entendido tanto pelo discurso proposto por ele e pelos produtores, em primeira ordem, quanto pelos discursos entendidos e criados em segunda ordem, por eles mesmos, por jornalistas, críticos e pela audiência.

Proponho, então, como tentativa de sintetizar o entendimento sistêmico pelo qual o trabalho em canções se baliza, o seguinte esquema:

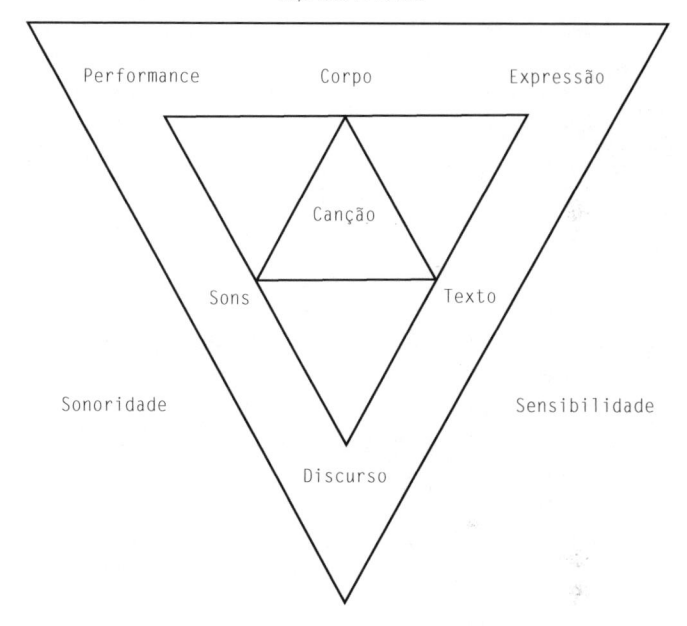

Figura 1: Articulações entre elementos na qualificação da canção.
Fonte: Elaborado pelo autor.

A canção emerge como uma articulação central entre sons, corpo e texto, e elementos das áreas de dança, música e poesia. Na articulação entre sons e texto (musical e verbal) temos a constituição do discurso. Da mesma forma, quando se articulam texto e corpo, temos a expressão, que confere um significado gestual a um texto. A performance nasce da articulação entre sons e gestos. A articulação entre gestos e discurso, realizada pelos sons, enfatiza o lado da sonoridade. A força que surge da articulação entre performance e expressão realizada no corpo enaltece o lado da expressividade. Por sua vez, o lado da sensibilidade aparece como o sentido construído na articulação entre discurso e expressão. Todas essas articulações se dão pelas relações sistêmicas elencadas anteriormente.

As ideias e conceitos aqui tratados soam muitas vezes redundantes, como se houvesse várias nomenclaturas para os mesmos fenômenos ou, ainda, como se os conceitos fossem sobrepostos ou equivalentes, o que acarretaria em uma possível confusão metodológica e conceitual. Mas isso é proposital.

O SOM GRAVADO E A MÚSICA POPULAR

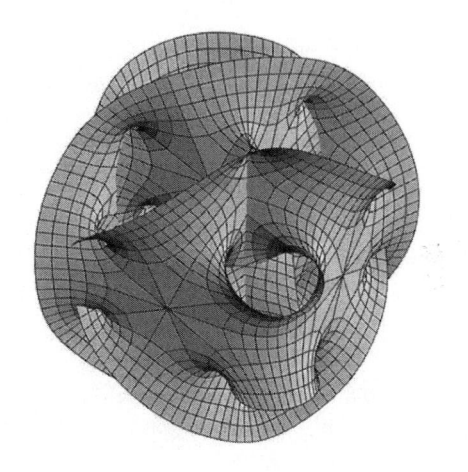

Figura 2: Representação gráfica do espaço multidimensionado.
Fonte: DICKSON, Stewart É como se um objeto — canção, fonograma
etc. — gravitasse por territórios simbólicos e forças sistêmicas
variadas na constituição de sua significação.

O entendimento que proponho aqui se aproxima de uma visão multidimensional do fenômeno musical. O que quero ressaltar é justamente como as manifestações musicais gravitam em um universo simbólico multifacetado. A moldagem dos sons, sob a forma fonográfica da canção popular, explicita bem essa visão. Toda a ênfase em aspectos multifacetados serve para ver as várias implicações consequentes das escolhas que ocorrem em um trabalho de produção musical. E o trabalho de produção deve buscar uma proposição de equilíbrio entre forças e relações na criação dos sons fixados em suporte fonográfico, articulando todas as instâncias de qualificações em uma boa condução discursiva e administrando os processos sistêmicos em jogo. A seguir, veremos exemplos mais práticos de como esse processo ocorre.

Notas do capítulo 2

1. GROSSBERG, 1997. Citado por CONNELL; GIBSON, 2001, p. 5.
2. CONNELL; GIBSON, 2001, p. 5.
3. Essas canções se mostraram mais adequadas à fonografia por questões formais – músicas que, por trabalharem formas mais simples com estribilhos e refrães, se prestavam a ser mais plenamente realizadas ao longo de três minutos – e, por questões socioeconômicas – elas possuíam maior identificação com uma grande parte de sua audiência, o que gerou maior procura e mais vendas, tanto da mídia (discos e rolos) quanto do dispositivo (fonógrafos e gramofones).
4. FRITH, 1996, p. 94.
5. FRITH, 2002. p. 4-5.
6. FRITH, 1996, p. 75.
7. Frith cita como exemplo algumas categorizações comuns em lojas de vendas de discos na Inglaterra: a "música de comercial de TV", "Música vocal masculina", "Musica vocal feminina", "Novidades". Se compararmos com gêneros delimitados de maneira mais simbólica e musical, como Rock, Pop, Axé, Funk etc. vemos que tais rotulações criam emaranhados simbólicos complexos e, por vezes, até embaraçantes,

como encontrar uma gravação do Bob Marley em uma seção de folclore, ou ainda, encontrar gravações de Stockhausen em música eletrônica.

8. FRITH, 1996, p. 86.
9. FRITH, 1996, p. 87.
10. TOYNBEE, 2000, 128.
11. MOOREFIELD, 2005, p. 53.
12. CASTRO, 2008, p. 20.
13. VAZ, 2007, p. 16-17.
14. VAZ, 2007, p. 30-31.
15. MACHADO, 2006.
16. ULHÔA, 2011. Transcrição.
17. MACHADO, 2006.
18. GREIMAS; COURTÉS. Citados por IASBESCK, 1998.
19. ORLANDI, 1983, p. 157-158.
20. IASBECK, 1998.
21. CARVALHO; SEGATO, 1994, p. 5-6.

SOON HOOVER

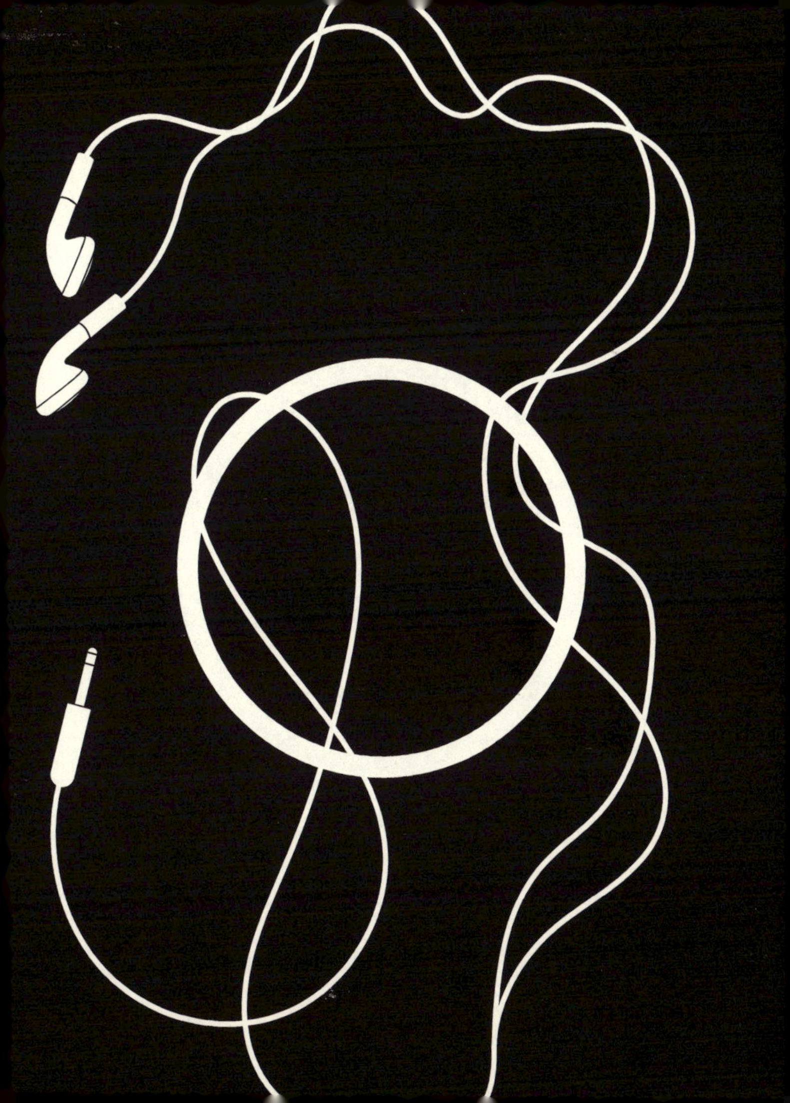

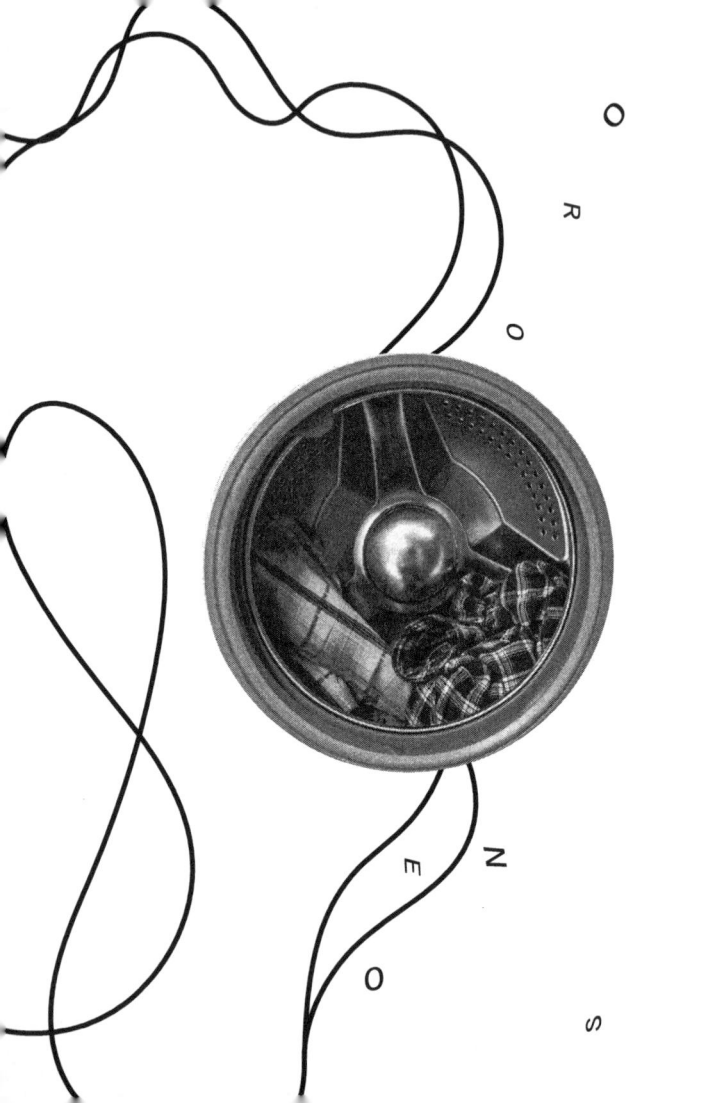

3

PRÁTICA DA MÚSICA POPULAR PELA SONORIDADE

A noção de prática musical é aqui entendida como uma ideia próxima ao conceito de música prática, em oposição a outras formas de realização musical de cunho mais conceitual. Essa diferenciação tem suas raízes históricas na Idade Média, como aponta Iazzetta.

Boethius (ca. 480 – ca. 524) propôs que a harmonia musical ocorre em três níveis diferentes: na *musica mundanae*, presente no movimento dos astros e na diversidade das estações; na *musica humanae*, presente em cada ser humano e que une a razão ao corpo por sua harmonia; e na *musica instrumentalis*, emanada pela performance e pelos instrumentos musicais. Posteriormente, Listenius (1500-1550) também propõe uma divisão tríplice, na qual a música poderia ser: teórica, visando ao entendimento e ao conhecimento musical; poética, que visava a dotar a música de um sentido perfeito e absoluto, não se limitando aos estudos teóricos e performáticos; e prática, que era proveniente da performance. Nos séculos seguintes, esses conceitos se diluem e se fundem ao conceito de música prática, em que o termo música se associa a uma prática social frequentemente referenciada como a arte de organizar sons.[1] Devido à sua crescente complexidade, surgiu a divisão do trabalho musical em categorias especializadas: compositor, intérprete e ouvinte, cada qual com papéis estabelecidos.

No entanto, com o desenvolvimento tecnológico ocorrido ao longo do século XX, as fronteiras de atuação dessas três figuras da prática musical foram se diluindo cada vez mais, ao ponto de hoje não ser uma tarefa fácil determinar esses papéis. Novos instrumentos foram desenvolvidos e novas sonoridades deram novas formas à matéria musical, configurando novas formas de praticar a música.

Pelo lado dos instrumentos, o desenvolvimento de tecnologias baseadas na eletricidade — bem como as tecnologias de registro sonoro — municiou os músicos com novas possibilidades de manipulação do som. O desenvolvimento das formas de registro – desde a gravação mecânica, passando pela gravação eletrificada, até a gravação digital – foram alterando os modos como nos relacionamos com o material básico de toda forma de música: o som. E esses modos de relacionamento envolvem não só questões de performance, como pode ser visto na figura 3, mas também questões de ordem técnica.

PRÁTICA DA MÚSICA POPULAR PELA SONORIDADE

Como afirma Paiva:

> Três elementos – os estúdios de gravação, os sintetizadores e os computadores – revolucionaram e revolucionam boa parte dos modos tradicionais de criação musical. Cada um com especificidades e potencialidades que somente podem ser descobertas através de um estudo detalhado e consciente, que traga ao músico o pleno domínio desse meio e suas relações com a linguagem musical. Ou seja, é necessário o domínio da técnica necessária para a plena utilização desses recursos tecnológicos, técnica essa que parece hoje tão importante quanto as técnicas musicais propriamente ditas.[2]

Técnica aqui é entendida nos termos de Jacques Aumont, que faz uma distinção entre técnica e tecnologia, em que esta última é definida pelo conjunto de materiais, instrumentos e conhecimento dispostos para uma determinada ação. Já a primeira é definida como o uso desses instrumentos e conhecimentos na prática.[3]

Pelo lado das sonoridades, os aparatos de gravação permitiram que qualquer som, e não mais apenas aqueles provenientes de instrumentos musicais mais tradicionais, fossem aproveitados como material musical potencialmente utilizável e manipulável. Com isso, as qualidades desses sons – a sonoridade – foram enfatizadas pela própria prática musical que se configurou com base nesses novos instrumentos de produção musical. Como consequência, as ideias de escuta acusmática e de territórios sonoros são evidenciadas, dando força ao que poderíamos chamar de estética da sonoridade. Sobretudo na fonografia, outras questões tradicionalmente importantes nos discursos musicais (harmonias, melodias, formas etc.) foram lentamente se engendrando como parâmetros constitutivos de algo que era precípua e exclusivamente aferido pela experiência da escuta – algo bastante diferente da experiência musical na escuta em performances ao vivo.

3.1 A prática musical ao vivo

A música ao vivo é uma ideia que só se configurou como a conhecemos hoje em dia a partir do momento em que se tornou comum seu contraponto por outra forma de experiência sonora musical: a música gravada. Até o advento da gravação sonora, a única forma de ter uma experiência musical a partir do som era por sua própria realização, seja como executante ou como ouvinte. O que essa ideia traz em si é a valorização da relação causal entre gesto e som. Podemos dizer que, após um século de ressignificação e de desenvolvimento de novas formas de manipulação sonora, a prática musical ao vivo se refere a toda forma e processo de manipulação dos sons que ocorre em tempo real, configurando algo reconhecível como uma performance musical.

Particularmente para o processo de produção musical fonográfica em música popular, a prática musical ao vivo tornou-se um espaço para experimentação expressiva das possibilidades sonoras de um artista ou de uma determinada obra. Diferentemente de uma performance em uma apresentação – onde o mais comum é tentar garantir uma performance firme, consolidada e segura, apresentando algo já pronto e pós-experimentações –, a performance em estúdio passa por obter sonoridades que melhor se adequem à gravação, o que pode implicar em mudanças e adaptações no modo de tocar de cada músico.

3.1.1 Instrumentos e experimentação

Uma das grandes diferenças entre a prática em estúdio e a prática ao vivo atualmente decorre da própria natureza dos instrumentos musicais modernos. Quando se trata de instrumentos tradicionais, o músico desenvolve uma relação muito fina de aperfeiçoamento técnico para o domínio da moldagem dos sons no instrumento. É uma relação que envolve não só o controle da ação de determinadas articulações e timbres, mas como usá-los adequadamente em cada situação para enfatizar ou criar uma expressividade. Isso envolve anos de dedicação e treinamento árduo para o controle gestual, a fim de que o instrumento e suas possibilidades expressivas se tornem uma extensão da própria expressividade individual.

A questão é que, na música popular, tocar um instrumento moderno não é apenas moldar o som adequado a cada ocasião pelo gesto corporal e sua consequente resposta. Muitas vezes se trata de criar o próprio instrumento ou o som a ser controlado pelo instrumento que, então, funciona como uma interface. E mais: é criar a própria ocasião para o uso desse som, extrapolando as questões de interpretação e performance para ser o condutor ou o motivo criativo de uma determinada música. Cria-se, assim, uma necessidade de experimentação, tanto das sensações possíveis de serem despertadas por um novo som, quanto de possibilidades criativas e expressivas para seu uso.

Em estúdio, essa luteria (luthiaria) sonora passa tanto pela forma como um músico interage com seu instrumento – por vezes demandando formas não usuais de toque, exageros expressivos etc. –, quanto pela forma como essa performance é captada. É a busca por uma sonoridade adequada a uma determinada demanda musical. Nos primórdios da gravação, principalmente na era da gravação mecânica, os cantores adequavam sua impostação vocal para soar bem e em equilíbrio com os instrumentos gravados. Instrumentos eram modificados e os posicionamentos dos músicos eram alterados, tudo em nome de uma boa captação do som.

PRÁTICA DA MÚSICA POPULAR PELA SONORIDADE

Figura 1: Orquestra da RCA Victor (1925) no mesmo estúdio, em uma gravação mecânica (à esquerda) e em uma gravação eletrificada (à direita). Fonte: Audio Engineering Society.[4]

Nos dias de hoje, até mesmo pela bagagem histórica e cultural desenvolvida após mais de um século de exposição e consumo de gravações fonográficas, criar sonoridades adequadas tornou-se um processo bem complexo, sob vários pontos de vista. Os instrumentos modernos da era digital carregam em sua concepção tanto a potência para novos sons quanto para novas formas de interação, dialogando também com modos mais tradicionais de prática instrumental. A era dos simuladores digitais está aí para comprovar isso. Guitarras de diversas eras e marcas, com diversos tipos de captadores, são emuladas por um processador em uma guitarra Variax, do fabricante Line6. Esse processo também ocorre com seus amplificadores e pedais de processamento de áudio. Sonoridades de baterias clássicas gravadas, adequadas a certos gêneros musicais são emuladas por *softwares* como Toontrack EZ Drummer, bem como sons de pianos, teclados e sintetizadores clássicos. Dispositivos de captação diversos (captação em sentido amplo, não somente sonora, mas também gestual, feita por captadores piezoelétricos, acelerômetros, giroscópios etc.) possibilitam a manipulação de sons por meios eletrônicos, mesmo de sons vindos de instrumentos mais tradicionais, o que amplia sua paleta gestual e sonora. Em termos técnicos, as possibilidades de som e instrumentos como fontes sonoras são muito maiores hoje em dia, o que demanda ainda maior pesquisa e experimentação para o uso adequado de todos esses recursos. Muitas vezes essa experimentação acontece, na música popular, por ocasião dos ensaios.

3.1.2 Ensaio

Ensaio é o momento onde sonoridades, arranjos e instrumentações são criados e testados. É também o momento onde podemos ousar mais na performance. Ideias e composições são testadas, retrabalhadas, submetidas a uma avaliação coletiva, feita pelos participantes. Enfim, o ensaio é, por definição, um momento de experimentação e ajustes. É onde o estudo prévio dos gestos apreendidos e refinados pelo músico é posto em situação de interação com os participantes, requerendo adaptações e combinações a fim de equilibrar expectativas e resultados sonoros.

Assim, voltamos à ideia de sistema como uma melhor forma de entender o processo de experimentação e construção de sonoridades que ocorre em um ensaio.

```
        ┌─────────────────────────────────────┐
 ┌────┐  │ ┌───────────┐     ┌───────────┐   │   ┌──────┐
 │SONS│→ │ │INTEGRANTES│ ↔   │INTEGRANTES│   │ → │MÚSICA│
 └────┘  │ └───────────┘ ╲ ╱ └───────────┘   │   └──────┘
   ↑    │      ↕         ╳         ↕          │
        │ ┌───────────┐ ╱ ╲ ┌───────────┐   │
        │ │INTEGRANTES│ ↔   │INTEGRANTES│   │
        │ └───────────┘     └───────────┘   │
        └─────────────────────────────────────┘
                                                    ↓
 ┌───────────┐      ╱────────╲       ┌──────┐
 │INSTRUMENTOS│ ←  │ COMPARA │ ←    │ESCUTA│
 └───────────┘      ╲────────╱       └──────┘
                        ↑
                ┌────────────┐
                │IDEALIZAÇÃO │
                └────────────┘
```

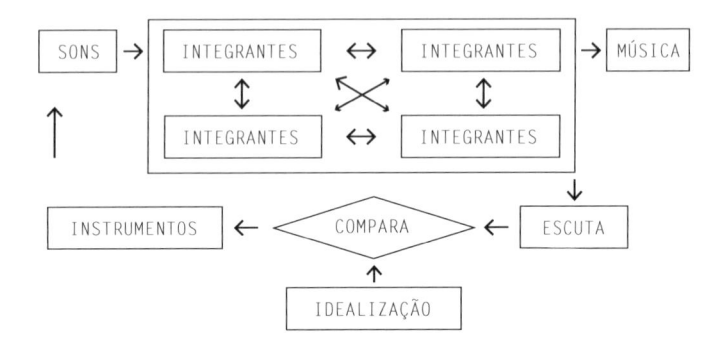

Figura 2: Configuração sistêmica por onde emerge a sonoridade em trabalho coletivo de performance e criação. Fonte: CASTRO, 2012.

Conforme apontei em trabalho anteriormente publicado:

> Nessa configuração sistêmica, os integrantes interagem uns com os outros, mediados por um controle a partir da escuta dos sons que fazem, comparando-os com suas vivências e ideias sobre música para, então, interagir com os instrumentos na moldagem dos sons que servirão de entrada e resposta para suas interações coletivas. Na sua saída aparece a música e emerge assim a sonoridade como qualidades que a identificam como única.
>
> Por essa proposta sistêmica, já temos alguns fatores que influenciam essa emergência das qualidades: os instrumentos envolvidos (tanto no sentido de

> interface interativa quanto no sentido de fontes sonoras); as experiências e ideias prévias de cada um, como parâmetro comparativo e dialógico; as respostas de cada integrante às sonoridades individuais de cada um e à sonoridade do todo.[5]

O ensaio é onde há um primeiro constituinte da sonoridade de um trabalho coletivo. Por isso, é um momento importante para a prática artística. Não é somente um momento de manutenção das habilidades de performance. É o momento de experimentar e definir os arranjos e a sonoridade resultante da interação dos envolvidos para que sejam aplicados em outras situações: em uma gravação em estúdio ou em apresentação ao vivo.

3.1.3 Show

Na apresentação ao vivo, a performance e as sonoridades ensaiadas são postas à prova, tanto em termos sonoros e logísticos, quanto em termos de respostas sensorial e simbólica.

Sonoros e logísticos porque o ambiente de apresentação ao vivo, pelo menos em shows pop/rock, envolve outro tipo de equipamento, outra situação acústica e outra ocasião de performance, envolvendo um público presente. Tudo isso contribui para a dificuldade de adaptação dos ajustes sonoros definidos em ensaio.

Nos ensaios, o Som se desenvolve pela utilização de equipamentos menores, tendo os amplificadores e monitores de retorno como fontes sonoras, sem endereçamento de saída (P. A.). Geralmente, tais equipamentos são ajustados de forma que se encontre um equilíbrio acústico entre estes e o espaço de ensaio (geralmente um quarto, garagem ou estúdio de ensaio), chegando-se assim, após alguns ensaios, a uma situação acústica de pouca variabilidade entre estes. Em apresentações ao vivo, este espaço dá lugar a um palco, que pode ser em praça aberta, teatro ou ainda, uma sala maior, como em casas de shows. Ou seja, a situação acústica tem uma grande variação entre cada apresentação. Além disso, há a presença do equipamento de P. A. e de monitores de retorno de outra qualidade, fato que também contribui para a sensação de diferença entre Sons. E, finalmente, em um estúdio de gravação, os transdutores elétricos (monitores de referência, fones de ouvido e microfones) servem também como mediadores entre o espaço de performance e o espaço de audição. Neste caso, as funções dos alto-falantes passeiam livremente entre as situações de fonte sonora e de mediador de ambientes. Uma marca acústica é fixada na gravação, tendo variação apenas no espaço e no equipamento de audição de cada ouvinte (sistemas *hi-fi* diversos).

Estas diferenças entre Sons podem, às vezes, gerar incômodo, insatisfação e frustração nos músicos.[6]

Em termos de resposta sensorial e simbólica, também temos outra situação, pois o nível de empatia que determinada música desperta na audiência em um show pode dar pistas da força da mesma e do acerto das interpretações, da performance e da sonoridade apresentada.

Além disso, se a situação acústica muda do ensaio para o show, muda-se a interação com os sons, mudando, portanto a forma de tocar. Justamente por isso é que talvez haja cada vez mais abordagens em que o som de um show ao vivo herda procedimentos e materiais musicais de um trabalho fonográfico finalizado, numa tentativa de manter, no ambiente de apresentação ao vivo, uma marca sonora definida em estúdio. A presença de *sequencers* e *samplers* tem se tornado cada vez mais comum em shows, isso quando não são utilizados procedimentos de *playback* parcial ou até total. É como se, em termos de apresentação ao vivo, uma separação entre performance corporal e sonora possibilitasse o melhor dos dois lados: uma dedicação maior do artista a questões de corporeidade e dramaticidade e a fixação da sonoridade pela melhor referência sonora construída em estúdio.

Porém, nem sempre é isso o que acontece: o uso de *playbacks* pode "engessar" um show, pré-determinando todos os momentos de interação entre o artista e a plateia. Se por um lado isso pode ser desejável em alguns gêneros, em outros retira a força da performance. O uso de *playbacks* ocorre, principalmente, em gêneros musicais que não trabalham muito com a improvisação.

Por outro lado, é cada vez mais frequente o uso de equipamentos como *loop-station* em apresentações ao vivo, desenvolvendo o que tem sido chamado de *loop-based music*. Além disso, estão cada vez mais presente os *notebooks*, *tablets* e outros dispositivos que permitem o uso de processos interativos programados em tempo real.

Tudo isso confere complexidade às questões que envolvem uma apresentação ao vivo. E algo dessa complexidade dialoga com a prática fonográfica, seja por questões de performance, seja por questões de transposições sonoras entre as situações ao vivo/estúdio.

3.2 O estúdio e a prática fonográfica

Boa parte da complexidade que envolve a prática fonográfica para a música popular vem do entendimento e da transposição do ao vivo para o gravado, pois há uma gama enorme de possibilidades e de formas de capturar performances, sonoridades e de construir propostas sonoras. Isso começa no início do século XX, já com os primeiros processos de gravação, e perdura por todo o referido século, quando o estúdio gradativamente adquiriu autonomia como um novo instrumento musical. Hoje em dia há ainda mais possibilidades, em virtude da facilidade que os meios digitais proporcionaram à produção fonográfica e musical. As gravações, desde seus primórdios, lidam com a negociação de sensações por uma mediação de ambientes, fato que começa com o controle e moldagem do espaço acústico do estúdio.

3.2.1 O espaço do estúdio

A acústica talvez seja a primeira questão que envolve a prática fonográfica em estúdio. Na verdade, desde o começo da era da alta fidelidade (gravação eletrificada, entre 1930 e 1960), temos algumas discussões sobre qual deveria ser a melhor abordagem técnica em relação à questão acústica: transportar o ouvinte para o espaço da performance ou transportar a performance para o espaço do ouvinte. Na primeira, gravam-se as fontes sonoras de maneira mais afastada dos microfones, captando, assim, mais informação acústica do espaço onde está ocorrendo a performance. Na segunda, grava-se com microfones mais perto das fontes sonoras, procurando aumentar a relação sinal/ruído, obtendo, assim, uma gravação mais seca em relação à acústica do ambiente da performance.

Quando a gravação eletrificada possibilitou maior poder de captação da informação acústica do espaço de performance, essa questão tornou-se cada vez mais importante. Inicialmente e com a ciência acústica ainda em seus primórdios, os estúdios investiram em abafadores e materiais que pudessem eliminar reverberações. Com o crescimento econômico da indústria fonográfica, o som de uma gravação tornou-se bastante importante e foi associado à qualidade. Assim, as salas mais abafadas tornaram-se maiores, mais vivas e, o principal, mais moldáveis em termos acústicos (com uso de biombos acústicos e outros dispositivos), para dar conta da diversidade de materiais a serem gravados – desde um pequeno grupo até uma grande orquestra. Como os estudiosos da área descobriram, havia muitos parâmetros que influenciavam na acústica, como o formato das salas e os materiais de revestimento das mesmas. Como afirma Susan Schmidt Horning:

> O tratamento acústico incorporou superfícies reflexivas tanto quanto áreas absorventes, painéis móveis, cortinas, superfícies policilíndricas, tudo o que poderia ser ajustado para se obter bons resultados acústicos. Era como se o estúdio, assim como os instrumentos dos músicos, pudesse ser afinado para se atingir as necessidades de uma determinada sessão de gravação. De fato, uma coisa que ficou clara para os consultores acústicos e profissionais da gravação foi que o estúdio em si tinha se tornado o '*último instrumento (grifo dela) a ser gravado*'.[7]

PRÁTICA DA MÚSICA POPULAR PELA SONORIDADE

Entre 1940 e 1960 houve um incremento no uso dos recursos acústicos dos estúdios. Por volta de 1966, a gravação multipista começou a se tornar comum nos estúdios, mudando um pouco esse cenário. Como conclui Horning:

> Com a introdução da gravação multipista no meio da década de 60, engenheiros de gravação do pop e rock enfrentaram o desafio de capturar performances ao vivo enquanto mantinham a separação dos instrumentos de modo a se ter controle na mixagem final. Eles separaram instrumentistas uns dos outros por biombos, e julgaram necessário minimizar a acústica da sala, algo que eles poderiam agora recriar, caso fosse desejável, com o uso de câmaras reverberantes, EMT *platers* ou eco de fita (*Tape Echo*). Nos anos 1970, o estúdio morto (acusticamente seco) que havia caído em desuso durante os anos 1940, mais uma vez torna-se desejável e o foco no estúdio-como-instrumento sai da sala de gravação para a sala de controle, onde instrumentos eletrônicos – guitarras, baixos, teclados, sintetizadores – são gravados conectando-se diretamente nas mesas. Gravações de música clássica continuam a ocorrer em igrejas, câmaras e salas de concertos, mas até mesmo nesses casos alguns engenheiros começaram a usar uma microfonação mais perto da fonte, para obter clareza, minimizando assim a ressonância

natural da sala em favor de uma fonte primária mais focada.[8]

De tudo isso exposto sobre o espaço dos estúdios de gravação, fica claro que a manipulação das questões acústicas faz parte do processo de obtenção de sonoridades. Ainda mais se o objetivo de um trabalho fonográfico for dialogar com referências fonográficas de outra época que fizeram uso de outra prática de gravação. Fica clara, também, uma das razões pelas quais as sonoridades de uma gravação de um determinado gênero musical ou época soam diferentes: não é somente uma diferença tecnológica. Há uma diferença de concepção prática do processo de gravação que influencia na manipulação do som a ser captado já em seu espaço de gravação.

Mas, além disso, há outra questão mais sutil que envolve o espaço do estúdio: o conforto do ambiente de trabalho. Um estúdio aconchegante proporciona mais relaxamento e concentração para trabalhar, gerando um ambiente mais propício a uma boa performance e facilitando o trabalho de obtenção de uma maior expressividade na performance. É como se os músicos, técnicos e produtores estivessem tocando um instrumento que os deixa mais à vontade, facilitando sua performance.

Por isso, a questão da manipulação sonora no espaço do estúdio deve ser pensada, levando em conta não somente as questões acústicas, mas também o conforto do instrumentista e a criação de um ambiente mais propício a uma boa prática fonográfica.

Como já foi argumentado aqui, isso é uma maneira de afinar o estúdio, o que demonstra o potencial de dar um tratamento ao estúdio próximo àquele que damos a um instrumento musical: como uma fonte de produção sonora, mais do que apenas um recurso de registro sonoro.

3.2.2 O instrumento estúdio

Além das questões acústicas e de conforto prático que envolvem o estúdio, o seu desenvolvimento tecnológico se deu de tal maneira que seus dispositivos de manipulação de sinal de áudio também ajudaram a configurar uma nova prática de gravação, a ponto de termos a sensação de estar manipulando um instrumento musical diferente. Hoje em dia – na era digital dos estúdios –, dispositivos e aparatos estão virtualizados sob a forma de *plug-ins* implementados para utilização em um único dispositivo, o computador, o que reforça ainda mais a ideia de que o estúdio é um instrumento musical autônomo. Como aponta John Ulhôa, em entrevista dada ao autor:

> Guilherme: Em que medida que... as ferramentas que a gente tem de gravação multipista, de simulação, os programas que a gente tem de simulação de bateria, de *sampler*, essas coisas todas... em que medida isso

influencia no modo de fazer uma produção?
John: É, influencia. Eu geralmente uso... a minha política é assim, eu uso o que for melhor para o resultado final. Eu não tenho nenhum pudor de usar coisas que simulam outras, usar uma pista de bateria que não é realmente tocada se eu achar que o jeito mais legal de ter aquele timbre que eu preciso é usar bateria eletrônica, eu uso, se eu achar que o jeito mais legal é usar bateria tocada, eu uso também. Tem o fator prático também, né? Algumas gravações, por coisa de orçamento, de prazo, ou de mil outros fatores, é mais fácil a gente fazer de uma maneira ou de outra, tipo: "ah, em vez de gravar as bateras, vamos programar", ou ao invés de chamar um tecladista eu posso tocar teclado. Eu sou um cara que não toca teclado muito bem, mas com...
Guilherme: Com a programação MIDI...
John: ... com os recursos de estúdio eu toco mais ou menos e dou... eu mais programo teclado do que toco teclado e isso de uma certa maneira é fazer música também, são só instrumentos novos, isso pra mim é fazer música. Uma coisa é você ter a habilidade fluente no teclado e outra coisa é você ter habilidade fluente no Logic, que é o programa que eu uso. Eu toco Logic pra c*..., digamos assim [risos], é assim, é um outro instrumento pra mim.[9]

Logic Audio é um *software* do tipo DAW (Digital Audio Workstation – ou Estação de Trabalho em Áudio Digital), dentre os quais temos Digital Performer, Cubase, Nuendo, Reaper, Vegas, Protools (o mais conhecido), entre outros. Os programas DAWs se caracterizam por serem estúdios virtuais, uma vez que os dispositivos de manipulação dos sinais de áudio e de controle MIDI (*Musical Instruments Digital Interface*) aparecem agora implementados nos programas. Os DAWs e os chamados *plug-ins* (programas de processamento de áudio digital, fabricados em formatos já padronizados para comunicação com DAWs, como VSTs, AUs etc.) ajudaram a aumentar o poder de manipulação dos sinais de áudio digital, seja por questões de edição ou por questões de processamento digital. E muito de sua implementação sob a forma de *software* herdou procedimentos e lógica do tratamento dado ao sinal de áudio analógico.

De forma geral, o fluxo do sinal de áudio em um estúdio pode ser resumido da seguinte forma:

No sistema analógico, há a transdução do som para um sinal elétrico de áudio pelo microfone. A intensidade desse sinal é ajustada pelo pré-amplificador, que pode ser um dispositivo avulso ou estar presente na própria mesa de mixagem. O sinal é processado por um compressor e/ou equalizador, que podem ser dispositivos avulsos ou incorporados ao *mixer*, e então endereçado às entradas do gravador de fita magnética. Neste, são ajustadas as intensidades dos sinais de áudio a

CAPÍTULO 3

FLUXOGRAMA GERAL DO SINAL DE ÁUDIO EM UM SISTEMA ANALÓGICO DE GRAVAÇÃO:

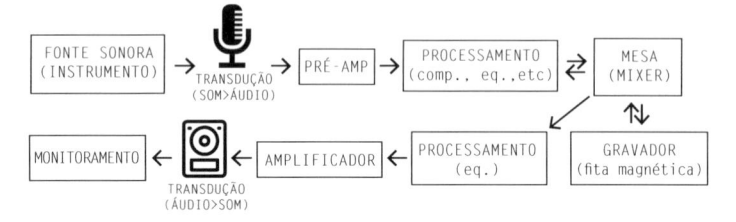

```
[FONTE SONORA      →  TRANSDUÇÃO  → [PRÉ-AMP] → [PROCESSAMENTO   ⇄ [MESA
 (INSTRUMENTO)]       (SOM>ÁUDIO)               (comp., eq.,etc)]   (MIXER)]
                                                                      ⇅
[MONITORAMENTO] ← 🔊 ← [AMPLIFICADOR] ← [PROCESSAMENTO  ← [GRAVADOR
                  TRANSDUÇÃO              (eq.)]          (fita magnética)]
                  (ÁUDIO>SOM)
```

FLUXOGRAMA GERAL DO SINAL DE ÁUDIO EM UM SISTEMA DIGITAL DE GRAVAÇÃO:

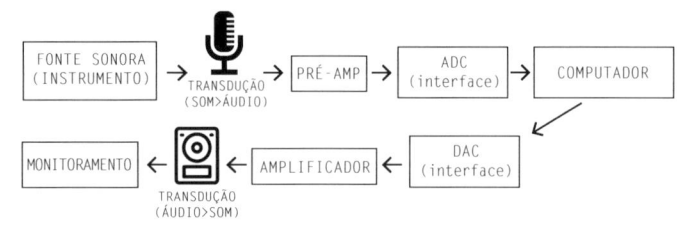

```
[FONTE SONORA      →  TRANSDUÇÃO  → [PRÉ-AMP] → [ADC        → [COMPUTADOR]
 (INSTRUMENTO)]       (SOM>ÁUDIO)               (interface)]

[MONITORAMENTO] ← 🔊 ← [AMPLIFICADOR] ← [DAC
                  TRANSDUÇÃO              (interface)]
                  (ÁUDIO>SOM)
```

Figura 3: Fluxogramas gerais dos sinais de áudio.

Fonte: Elaborado pelo autor.

serem impressos magneticamente em fita, e a saída volta para a mesa de mixagem, para que se possa monitorar o processo de gravação. Daí, uma saída da mesa é endereçada a um processamento de equalização especialmente ajustado para eventuais correções acústicas da sala de controle. O sinal geral é, então, enviado a um amplificador e de lá para um novo transdutor (monitor de referência), gerando o som a ser escutado.

PRÁTICA DA MÚSICA POPULAR PELA SONORIDADE

No sistema digital, temos a inserção do computador e das interfaces de áudio digital no processo. Nestas últimas ocorre o processo de digitalização, onde o sinal analógico de áudio é amostrado (discretizado e transformado em números binários) pelo ADC (conversor analógico/digital). Vale lembrar que o pré-amplificador pode estar incorporado à própria interface de áudio. Uma vez amostrado, esse sinal é enviado para o computador e trabalhado dentro de um ambiente de DAW. Ele é então editado, processado por *plug-ins*, armazenado sob a forma de arquivo de áudio digital, misturado e enviado para a saída da interface, já com eventuais correções acústicas, para a sala de controle. O sinal digital é convertido em sinal analógico pelo DAC (conversor digital/analógico) da interface, enviado para os amplificadores e, assim, para os monitores de referência.

Cabem aqui algumas observações: esses são esquemas gerais, mais comumente encontrados nas duas situações, o que não quer dizer que sejam os ideais ou que não haja inúmeras outras possibilidades de configurações. Hoje em dia há várias formas de conexão de dispositivos, para inúmeras situações de gravação. Mostrei aqui apenas uma possibilidade mais generalista para cada sistema.

De qualquer forma, uma coisa que podemos inferir dessa esquematização é que há uma mudança no fluxo que se dá pela inserção/substituição de dispositivos. Assim, entendemos porque, em processos de gravação analógica, os tratamentos e processamentos dos sons e dos sinais de áudio se dão prioritariamente antes da gravação em si, minimizando os trabalhos de pós-produção. A capacidade de edição e de processamento pós-produzido de um sistema analógico é bem menor do que a de um sistema digital. Isso gera uma necessidade por uma captação de performance mais aperfeiçoada, aumentando os trabalhos de direção musical na gravação. Além disso, os dispositivos empregados em sistemas analógicos imprimem uma marca na sonoridade, como as famosas distorções em fita magnética e as "esquentadas" em aparelhos valvulados. Particularmente no caso de gravadores de rolo de fita magnética, a velocidade da fita, o *bias* e o nível de entrada de gravação do sinal fazem muita diferença, e podem ser usados não apenas como limites técnicos do dispositivo, mas como recursos para determinadas sonoridades – sons de baterias mais "quentes" ou de naipe de metais mais "ardidos" ou, ainda, maior "profundidade" nos graves para os contrabaixos, por exemplo. Isso pode ser comprovado pela nova geração de *plug-ins*, que emula tais dispositivos – compressores e equalizadores valvulados, gravadores de rolo etc. – com a intenção de possibilitar a recriação dessas características sonoras em ambiente digital.

Após essa argumentação, notamos que há uma prática musical e técnica especial no que diz respeito à operação do estúdio como instrumento de produção, seja ele analógico ou digital. As possibilidades de manipulação e de obtenção de sonoridades são tão grandes que praticamente geram uma necessidade por uma abordagem experimental dos recursos. Afinal, para se conseguir uma determinada sonoridade, há uma pesquisa bastante grande, tanto na performance tradicional – melhor instrumento e melhor forma de tocá-lo –, quanto na performance do estúdio – qual o melhor microfone e a melhor forma de posicioná-lo para uma fonte, quais processamentos devem ser utilizados, qual a melhor abordagem e execução. Por isso, uma boa parte dos processos criativos que determinam uma sonoridade final para uma gravação fonográfica acontecem dentro do estúdio, durante o próprio processo de gravação. E esses processos se dão na articulação entre os agentes processuais: os atores envolvidos no processo de gravação fonográfica.

3.2.3 Os atores

Basicamente, o trabalho fonográfico em um estúdio ocorre pela interação de componentes em um sistema de produção. Apesar de o estúdio e seus dispositivos serem instrumentos de produção sonora e musical e, portanto, influenciarem no resultado de uma sonoridade, a sua operação se dá pelos atores presentes no processo: músicos, técnicos de som, produtores e mercado.

Antes, cabem aqui algumas considerações: primeiramente, há que se fazer uma distinção entre os diversos tipos de produtores e o que o termo produtor possibilita como confusão terminológica, sobretudo no Brasil.

O uso mais comum do termo produtor musical, por si só, já causa uma grande confusão de significados: há pessoas que se denominam como tal simplesmente porque agenciam apresentações musicais e/ou gerenciam carreiras musicais de artistas. Mesmo quando pensamos em música como um fato social total, como propôs Jean Molino (s/d), penso que o mais correto seria usar outra nomenclatura, como agenciador (o *manager* da indústria fonográfica estrangeira, por exemplo) ou, ainda, produtor executivo, produtor de eventos ou produtor de campo (que executa funções de gerenciamento logístico para uma apresentação, por exemplo). Afinal, se formos rigorosos etimologicamente, um produtor de eventos não produz música, mas sim condições e negociações para que aqueles que produzem música possam agir.

Há, ainda, os que se intitulam produtores musicais por arregimentarem músicos, músicas e fonogramas para usos específicos. São como "caça-talentos", escolhedores de músicas e músicos que irão inserir em um determinado trabalho, como em trilha sonora de cinema, publicidade, jogos etc. Ainda que na história musical tal figura – principalmente nos primórdios das gravadoras, no início do século XX – por vezes fosse chamada de produtor musical, penso que hoje (e ainda mais no contexto deste livro) podemos nos referir a ela como diretor artístico – *A&R, Artist and Repertoire Department*.

Outro termo que se soma a essa profusão terminológica é

produtor fonográfico. Considerando sua acepção, seria quem produz, de fato, um fonograma. Poderíamos pensar, então, que se trata do *record producer*, como encontramos em algumas discussões e textos, ou do produtor da gravação. Mas, pelo menos aqui no Brasil, o produtor fonográfico se refere mais a quem é o responsável pela duplicação dos fonogramas em algum suporte/mídia e pelo seu fornecimento para vendas, o que combina mais com a condição das gravadoras e dos selos fonográficos.

Considerando a profusão de termos e funções próprias de uma lógica industrial de trabalho, o seguinte quadro pode ser uma forma de esclarecer um pouco esse campo:

PROFISIONAL	FUNÇÃO
CAST	Grupo de artistas (cantores solo, duos, bandas, etc) contratados, gerenciados, promovidos e produzidos pela gravadora.
PRODUTOR EXECUTIVO	Responsável por questões envolvendo planejamento estratégico, custos, marketing, comercialização, circulação, promoção, publicidade e propaganda, *merchandising* e contratos (entre o artista e a gravadora - entre a gravadora - e o mercado)
PRODUTOR FONOGRÁFICO	Responsável pelas questões que envolvem registro das obras gravadas e geração de ISRC (*International Standard Recording Code* - Similar ao CPF, identifica de forma única no mundo cada obra gravada e por processos de produção para comercialização. As obras gravadas recebem o nome de *fonograma*)
A&R (Artista e Repertório) também conhecido como DIRETOR ARTÍSTICO	Cuida das questões que envolvem planejamento estratégico, escolha de repertório, produtor musical, estética e atitude perante público e mídia. Busca novos artistas para o *cast*.
PRODUTOR MUSICAL	Gerencia as questões referentes à estética, planejamento operacional, gravações, direção musical, arranjo e composição. Funciona, também, como caça-talentos para a gravadora
DIVULGADOR	Tem como função promover o artista nos meios de comunicação social de massa, principalmente o rádio.
ASSESSOR DE IMPRENSA	Responsável pela produção e circulação de notícias sobre a gravadora e seu cast.
EDITOR MUSICAL	Responsável por cuidar da remuneração dos artistas, garantindo pagamento de direitos referentes à venda e execução pública das obras.

Figura 4: Quadro funcional de uma gravadora.
Fonte: PALUDO, 2010.

Como podemos notar no quadro ao lado, colocado por Paludo, esses são os atores que estão envolvidos no negócio da indústria de gravação fonográfica. O quadro é baseado em um modelo de negócio que ocorreu principalmente entre 1950 e 2000. No entanto, com a popularização e desenvolvimento das tecnologias computacionais, esse modelo tem sido tensionado e reconfigurado, fundindo funcionalmente atores em um modelo mais próximo da autogestão, com acumulação de funções e/ou uso de processos advindos de modelos econômicos da chamada economia criativa que, entre outras coisas, não costuma compartimentar funções – algo próprio do pensamento industrial. Então, considerarei aqui que há basicamente quatro funções de produção mais distintas: o produtor musical (que dirige e gerencia o processo criativo em uma gravação); o produtor fonográfico (que fornece os fonogramas a serem distribuídos no mercado); o produtor executivo (que gerencia a carreira artística e a logística de trabalhos artísticos); e o diretor artístico (que propõe e/ou organiza as demandas por trabalhos artísticos e suas estratégias frente ao mercado).

Mesmo assim, o termo produção pode significar muitas coisas hoje em dia. Como apontam Russ Hepworth-Sawyer e Craig Golding:

> Hoje, a palavra produção parece permitir diferentes conotações ou um escopo de atividades mais amplo do que era outrora. A diversidade de gêneros musicais hoje

tem desafiado o modelo tradicional, permitindo que pessoas que, de maneira literal, produzem fisicamente a música, sejam consideradas como os produtores. Utilizando o modelo tradicional, um artista seria o autor/compositor/intérprete e o produtor seria o produtor. Hoje em dia, artistas podem turvar esses limites, tornando-se coprodutores, e os produtores podem tomar parte na performance e na autoria.

Pense na música referente aos gêneros dançantes recentes, como o Trance e o House, e a palavra produtor significará inevitavelmente o autor e produtor combinados. O interessante aqui é que, dentro do modelo do House e Trance, muitas músicas são produzidas por essa única pessoa, com pouca ou nenhuma interação humana em termos de alguém fisicamente produzindo (tocando um instrumento), quando muito talvez um vocal solo.

Acrescentando, é interessante notar que a maioria das composições que estão no esteio de gêneros musicais dançantes como o Trance requer o mesmo tanto de esforço e habilidade que uma composição/canção tradicional. A diferença vem do fato que uma canção pode ser composta com um violão e ser desenvolvida até sua completude em momento posterior. No Trance por exemplo, isso seria algo complexo e inapropriado para ser feito ao violão, pois, como tal, composição e produção realmente são vistas como uma coisa só. Em outras palavras, uma não existe sem a outra; algumas músicas não conseguem necessariamente existir fora da tecnologia associada a ela. Isso corrobora para essa turbidez do termo produtor em relação a seu significado histórico.

Danny Cope, autor de *Righting Wrongs in Writing Songs* (2009) sugere que 'foram-se os dias, ao menos em certos gêneros, onde o agente criativo necessitava de um produtor para fazê-lo soar bem. Isso porque as ferramentas estão tão prontamente acessíveis (Logic, Reason, GarageBand etc.) que facilitam que se soe bem antes mesmo de se ter algo substancialmente criado. O processo mudou tanto que ao invés de se criar algo para depois fazê-lo soar bem, temos algo que já soa tão bem que precisamos criar alguma coisa com ele. É como adquirir uma moldura cara e personalizada a princípio e então, ter que fazer uma grande pintura para preenchê-la'.[10]

O que deduzimos disso é que, pelo menos para os propósitos deste livro, iremos detalhar o papel dos atores envolvidos diretamente no processo produtivo do ato de gravar, na produção criativa de uma obra fixada em suporte fonográfico. Também iremos analisar o processo dessa prática fonográfica com base em uma situação generalista de gravação, que acontece comumente em uma prática coletiva. Devemos relembrar então a configuração sistêmica que envolve esse processo, pelo menos em trabalhos oriundos de gêneros musicais que usam tecnologias e práticas mais ligadas a um modelo tradicional de utilização do estúdio e da fonografia.

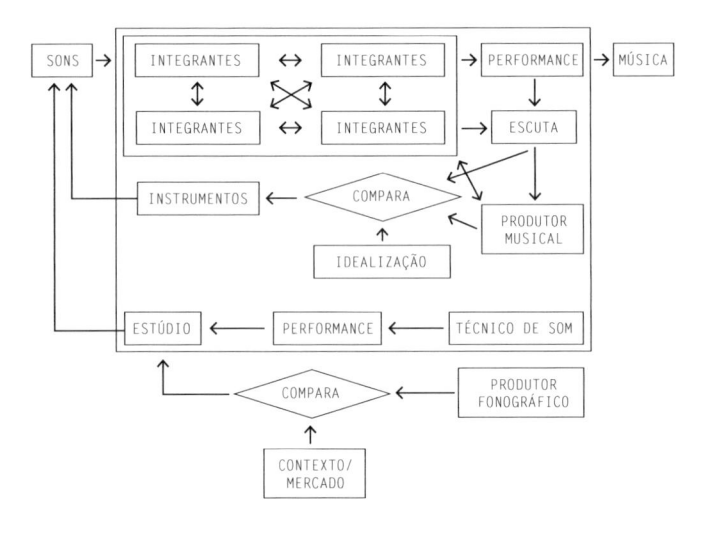

Figura 5: Configuração sistêmica por onde emerge a sonoridade em prática fonográfica. Fonte: CASTRO, 2012 Aqui há uma correção em relação à publicação original, em que os papéis dos produtores musical e fonográfico estavam trocados. Fonte: CASTRO, 2012.

PRÁTICA DA MÚSICA POPULAR PELA SONORIDADE

Nessa configuração, o que estamos chamando de produtor musical exerce um papel central na articulação entre banda e produtor fonográfico.

3.2.3.1 Produtores musicais

Nesse momento, cabe definir o papel central do produtor musical. O produtor musical tradicional é definido da seguinte maneira:

> Referimo-nos ao produtor tradicional como alguém a quem foi permitido o controle criativo do processo de gravação. Por exemplo, presume-se que o produtor tradicional – entre 1960 e 1980 –, precisou trabalhar algumas vezes com uma equipe técnica maior, que consistia de um engenheiro (requisitado ou escolhido) de gravação e, talvez até, um operador de fita e/ou engenheiro assistente. Sua função seria capturar e encorajar as performances dos artistas utilizando-se das opções disponíveis para isso. O produtor seria a tela sonora para o artista: alguém para equilibrar ideias e para fornecer uma opinião objetiva.[11]

Como Hepworth e Golding concluem, direção é um denominador comum ao longo das discussões e conceitos sobre produção musical. Produtor musical é aquele que guia as pessoas, norteia o talento e potencializa a música. E seguem:

> Em um senso tradicional, o papel criativo do produtor

é desenvolver a música de um artista ao nível no qual ela possa ser realizada. Essa realização pode ser na forma de um lançamento comercial, onde o ímpeto é exposição e vendas, ou pode ser na forma de realização artística, onde o ímpeto é atingir algo único e inovador, quer isso venda ou não. Em ambos o papel do produtor é importante e, por vezes, mal entendido por aqueles que acompanham de fora o processo. Sugerir que seu papel é unicamente a força criativa no processo seria incorreto. Há muitos outros aspectos menos divertidos e influenciáveis que são tão importantes quanto.[12]

Assim, para realizar uma boa produção, o produtor deve: ter empatia com o trabalho artístico a ser produzido; ser capaz de apontar quais caminhos processuais deverão ser utilizados e suas adequações tanto ao orçamento disponível quanto ao resultado estético desejado; e ter uma visão sistêmica do processo, administrando músicos, técnicos, equipamentos etc. Em resumo, o produtor musical é o responsável por equilibrar forças, potências, interesses e sensações, configurando e operando um sistema criativo baseado em sonoridades que se articulam em um jogo de forças simbólicas.

Richard Burguess propõe uma taxonomia dos produtores musicais que Paludo resume com um quadro:

TIPO DE PRODUTOR	CARACTERÍSTICAS	TIPO DO ARTISTA QUE CONTRATARÁ
O SABE TUDO FAZ TUDO MANDA CHUVA	Atua como compositor, intérprete, multi-instrumentista, técnico de gravação; possui reconhecimento como produtor de hits de sucesso. Dono de selo musical ou gravadora.	Indicado para artistas em carreira solo, que compõem ou não, ou precisam de um co-autor, ou precisam de uma canção de sucesso. Intérpretes sem banda de apoio. Indicado para atores e modelos aspirantes a cantores.
O HUMILDE CRIADO	Atua como co-autor, discutindo idéias com o artista. Executa tarefas das quais o artista não quer se ocupar ou para as quais não tem habilidade ou conhecimento, principalmente aspectos administrativos ou técnico musicais do processo de processo de produção. Possui facilidade de adaptação ao estilo de trabalho do artista. Estabelece relação duradoura com o artista, participando de vários projetos e álbuns.	Indicado para artistas que têm forte senso de visão e direção (foco artístico); artistas autoconfiantes que sabem bem o que querem, mas precisam de um "braço-direito".
O COLABORADOR	A maioria dos produtores se enquadram nesta categoria. Frequentemente são integrantes (ou ex-integrantes) de bandas, como baixistas ou bateristas. Flexibilidade é a principal característica. Disposição para encontrar o que há de valioso nas ideias alheias. Tem o mesmo poder de opinar que o artista que está sendo produzido. Seu lema: "o todo é maior que a soma das partes". Atalha caminhos e utiliza sua experiênncia para evitar desperdícios de tempo e dinheiro.	Indicado para artistas seguros que gostam de ter ouvidos experientes por perto para troca de informações e opiniões (e que valorizam pontos de vista diferentes, mesmo que em oposição aos seus).
MERLIM, O MAGO	Participa pouco do processo, encontrando-se com o artista raramente durante as gravações. Detentor de uma aura mística (mito), talento eminentemente reconhecido por todos e aura mágica. Fala pouco e quando fala produz grande impacto. É mais voltado ao todo que aos detalhes. Conquista grande lealdade do artista e da gravadora. Atura como A&R	Indicado para artistas solidamente consagrados e com grande verba disponível.

Figura 7: Categorias de produtores segundo Burguess (2002).
Fonte: PALUDO, 2010.

Apesar da aparente conotação caricatural, esse quadro é uma tentativa de generalização, simplificação e agrupamento dos papéis que um produtor pode exercer, dada a complexidade e variedade de processos de produção e de seus envolvidos. Como o próprio Burguess conclui posteriormente em seu livro, "claramente não há algo como um produtor de gravação médio, ou padrão. Produtores vêm sob todas as formas e tamanhos, com talentos e habilidades díspares".[13] Eu diria mais: o processo de produção em si é único para cada situação. Flexibilidade na forma de trabalho deve ser a tônica para o produtor. Por isso, a experiência em produção musical é algo que torna um produtor mais apto a essa diversidade.

O que nos interessa nesse momento do texto é que, além de gerenciar processualmente uma gravação, o produtor é também o elemento que trabalha o processo de maneira criativa. E, de certa forma, ele é um tipo de compositor para esses trabalhos. Em alguns casos, possui uma forma tão única de atuar que acaba por imprimir um estilo pessoal também ao trabalho, por certos trejeitos e escolhas que se expressam nas sonoridades componentes.

> Cada artista traz uma coisa e eu como produtor trago outras. Cada um que for fazer, eu tento entender o que a pessoa quer, que tipo de elemento que ela tipicamente gosta. Gosta de música com mais violões, com mais peso, mais eletrônica e tal e o que ela me

pede, porque quando ela me chama, essas pessoas sabem que eu tenho uma assinatura, um estilo, né? Um tipo de coisa que geralmente transparece nas minhas produções.[14]

No entanto, há algo paradoxal no processo produtivo, sobretudo quando nos deparamos com depoimentos de vários produtores musicais. Em artigo de Jarrett, vemos que vários produtores descrevem seu papel como uma ausência. Para vários deles, suas visões e personalidades musicais ficam latentes, não manifestadas. Tais depoimentos carregam em si crenças que dizem menos sobre questões estéticas do que éticas, mostrando uma ideologia de produção – a autoanulação. Para eles, o produtor deve fazer aparecer a música do artista do melhor jeito, com a menor influência possível e, nesse sentido, anular sua personalidade musical.[15] No entanto, ressalta-se que foram entrevistados vários produtores ligados aos gêneros jazz e country americanos, que têm como tradição um tratamento fonográfico mais norteado por registros de performance, um pouco mais "naturalista", o que pode justificar essa autoanulação como ideologia emergente do processo fonográfico desses gêneros. Quando analisamos outros gêneros, percebemos que o papel do produtor musical pode ter um peso maior, principalmente quando o gênero a ser gravado se mostra bastante definido pela pós-produção, ou seja, um gênero que se realiza sonoramente mais na mixagem e na edição. A meu ver, é importante frisar que, apesar do aparente paradoxo, não há um caminho correto ou mais adequado, sendo possível a convivência entre várias metodologias, sem que uma anule a outra. Há apenas metodologias mais adequadas a trabalhos específicos, que se identificam e dialogam com gêneros específicos. Como aponta Moorefield, o desenvolvimento metodológico da produção musical ao longo dos anos teve muito mais um caráter acumulativo do que evolutivo. Ele destaca, ao citar Evan Eisenberg, que "é o artista-produtor, o criador musical, cujo impulso é criar gravações, quem exerce o papel central no desenvolvimento da fonografia como uma arte". [16]

3.2.3.2 Técnicos de som

Técnicos de som, também conhecidos como engenheiros de som, são pessoas que têm um papel mais tecnicista no processo de gravação fonográfica. Em outra época – entre 1950 e 1990 – o trabalho deles se dividia em captura e gravação do som pelo manuseio técnico dos dispositivos do estúdio, seguindo orientações dos produtores musicais. Aos técnicos de som cabia a tarefa de explorar tais dispositivos (mesas de mixagem, compressores, microfones, gravadores etc.), dominando os parâmetros e limites de tais equipamentos.

Como aponta Phillip McIntyre,

> Em essência, a tarefa primária do engenheiro é capturar o som tal como um *camera-man* captura a luz em um filme. O engenheiro precisa assegurar

PRÁTICA DA MÚSICA POPULAR PELA SONORIDADE

> que tudo está sendo gravado no nível apropriado ao projeto, sem distorção ou quebras, e com uma relação sinal/ruído apropriada. Assim como o produtor, ele também tem que interpretar a linguagem utilizada em estúdio. Quando o produtor ou o músico pede por um baixo com um som mais 'gordo', metais com mais 'pressão' ou ainda, 'profundidade' para as vozes, o engenheiro deve saber traduzir essas requisições obtusas em ações técnicas que sejam congruentes com seu próprio domínio de conhecimento e campo de expertise. Portanto, ele precisa estar familiarizado com todo o equipamento, desde os tipos de microfones até os programas a serem utilizados. Quando as coisas dão errado, espera-se dele a capacidade para resolver o problema.[17]

Assim, temos que o técnico de som é o profissional que opera o estúdio e seus recursos de maneira mais técnica. No entanto, com o desenvolvimento tecnológico dos aparatos e a crescente implementação dos recursos em meio digital de maneira amigável ao usuário, há, cada vez mais, uma fusão entre os papéis do produtor musical e do técnico de som. Tanto o produtor se apropriou das facilidades técnicas oferecidas pelos novos recursos digitais, quanto o engenheiro tem se atualizado e experimentado mais as soluções criativas que os novos recursos oferecem para seu trabalho.

Assim como alguns recursos permitiram e demandaram o

seu uso criativo na prática fonográfica, delimitando as fronteiras entre a direção artística (profissionais do departamento de A&R) e a produção musical, a democratização do acesso e das informações relativas aos meios digitais de gravação turvou as fronteiras entre os papéis de produtor musical e técnico de som. Na verdade, o computador turvou as fronteiras entre todos os agentes, de forma que hoje não é rara a acumulação de funções, o que pode beneficiar um grupo ou um trabalho artístico pelo barateamento dos custos de produção. No entanto, perdem-se possíveis contribuições, uma vez que o trabalho fonográfico costuma ser uma realização coletiva. Assim, diminuir os agentes envolvidos no processo, pode diminuir, também, as contribuições para um maior acerto na produção. Como podemos notar, há perdas e ganhos.

3.2.3.3 Músicos

Nesse sistema em que se constrói o processo de produção, os músicos possuem importância primária: afinal, obviamente, não há produção musical sem um material a ser produzido – a música. Para Lucas Mortmer, produtor musical, técnico de som e baterista:

> Dinheiro não compra uma boa gravação. Pra mim a ordem de importância dos fatores para uma boa gravação é:
> - Música/arranjo
> - Performance do músico (execução/*feeling*/etc.)

PRÁTICA DA MÚSICA POPULAR PELA SONORIDADE

- Instrumento (timbre/afinação/etc.)
- Sala/ambiente
- Posicionamento do microfone
- Microfone (tipo/qualidade)
- Pré-amplificador (tipo/qualidade).[18]

Como podemos ver pela declaração dele – que, segundo o próprio, é uma perspectiva do produtor musical –, a questão musical que provém diretamente do músico está na base de uma boa produção. Não raro uma produção musical começa justamente com a seleção de músicas para compor um trabalho fonográfico. Assim, no que diz respeito aos músicos, além de ter cuidado com uma boa performance, eles devem municiar o produtor musical com várias opções de repertório e se dispor a atender às eventuais solicitações do produtor musical para a realização de versões ou releituras de outros artistas. Uma boa produção pode ter a ver com um senso de unidade em um trabalho coletivo, dirigido pelo produtor musical, porém negociado com o artista. Nesse sentido, cabe aos músicos dar abertura ao trabalho do produtor, mesmo no caso de produções em que a autoanulação dele é desejável.

Entretanto, isso não significa dizer que os músicos devam aceitar todas as opções propostas pelos outros envolvidos: técnicos, produtores, entre outros. É um processo de negociação contínuo, que, durante a fase de gravação (captura), pode ter seu momento mais tenso, pois frequentemente são pedidas experimentações na performance e nas regulagens dos aparatos sonoros, fazendo com que o músico saia de sua zona de conforto.

No que tange à atuação dos músicos em uma produção fonográfica, podemos pensar da seguinte forma: como compositores de um trabalho fonográfico, eles devem municiar o produtor musical com boas opções para a composição de uma coletânea. Como executantes, devem ensaiar as performances ao ponto de obter intimidade com o material musical, de modo que haja margem de adaptação em sua forma de tocar, criando possibilidades de interpretação e de obtenção de sonoridades baseadas nessa flexibilidade e adaptabilidade da performance. Convém, também, tentar entender a terminologia usada em uma gravação para criar uma comunicação melhor com os outros atores do processo.

O que entendo por familiaridade com o material musical a ser gravado não é só algo relativo às questões gestuais e performáticas, mas também às referências musicais a serem utilizadas como parâmetro dialógico para as sonoridades desejadas. Por mais que se tenha ensaiado de uma determinada maneira, pode ser que, durante o processo de gravação, outra referência sugerida possa fazer mais sentido, demandando outra regulagem sonora e outra forma de tocar. Daí, compreender como se obtém tal sonoridade pode determinar uma forma de tocar diferente da que foi originalmente pensada. Cabe ao músico pelo menos experimentar, para, então, decidir se a nova abordagem funciona para os propósitos desejados ou não. Saber entender o que o produtor propõe, conseguir dar e ter abertura para experimentar novas possibilidades sonoras e, ainda, conseguir negociar suas visões com as propostas vindas do produtor musical são habilidades que podem fazer a diferença para o sucesso de uma empreitada fonográfica. Isso confere autenticidade ao processo em si como construção coletiva, potencializando seu caráter expressivo e sua representatividade simbólica para o discurso do artista em seu território de atuação.

3.2.3.4 Mercado

Falta então analisar o papel do mercado e sua influência nessa proposta sistêmica de abordagem do processo de produção musical. De certa forma, muito já foi abordado anteriormente, quando houve a descrição das ideias de gêneros musicais e territórios sonoros. Outro tanto foi abordado na descrição da compartimentação de funções, em que ficou clara a forte relação que há entre as pessoas ligadas à direção musical, departamentos de A&R e as demandas por uma gravação fonográfica. Frequentemente, pelo menos em práticas mais ligadas às gravadoras, são esses agentes que determinam os investimentos em gravações e distribuição fonográfica. Muitas vezes, a partir do instante em que uma determinada gravação se torna bem-sucedida economicamente, ela passa a ser referência de sonoridade, como se o sucesso financeiro legitimasse o sucesso "sonoro". Mesmo que isso seja um fator difícil de quantificar, o que podemos ver nesses casos é que o sucesso econômico de um fonograma depende de tantos fatores alheios à sua confecção que fica difícil sustentar uma questão de causalidade desse tipo. Aqui, mais uma vez, o entendimento do processo por uma visão sistêmica nos dá mais ferramentas para a compreensão das influências do mercado: ele cria signos pelo uso dos fonogramas; ele cria significação e legitimação ao criar discursos de segunda ordem nesse sentido; ele cria territórios, campos de atuação, formas e demandas de uso para os fonogramas.

No entanto, vale lembrar que o mercado não é uma entidade ou algo que possa ser reduzido a um fator.

> O conceito de troca leva ao conceito de Mercado. Um mercado consiste de todos os consumidores potenciais que compartilham de uma necessidade ou desejo específicos, dispostos e habilitados para fazer uma troca que satisfaça essa necessidade ou desejo. Assim, o tamanho do mercado depende do número de pessoas que mostram a necessidade ou desejo, que têm recursos que interessam a outros e estão dispostos e em condição de oferecer esses recursos em troca do que desejam.[19]

No caso da música, ele está mais para uma articulação de interesses, uma rede de agentes, processos e subsistemas de um sistema cultural maior, descentralizados e autorreferentes. É extremamente difícil conceituar o que coloquialmente chamamos de mercado no campo da música. Isso porque o mercado de música, para além dos aspectos econômicos e financeiros, é um mercado de trocas de bens simbólicos. É aqui que reside o problema: os mercados para todos os gêneros/territórios são diferentes. Eles têm padrões de consumo diferentes, consomem signos diferentes, geram significados diferentes, enfim, exercitam trocas a partir de modelos e bens diferentes. Nesse sentido, as valorações também acontecem de maneira diferente para cada situação: uma boa sonoridade, uma música de qualidade ou, ainda, as qualidades de uma música, são valores atribuídos dentro de uma referência ou de um contexto definido pelos processos de trocas simbólicas – pelo mercado de signos.

É nesse contexto que a prática de vendas fonográficas do mercado trabalha. Butler exemplifica isso citando Negus:

> Keith Negus conclui a partir de seu estudo sociológico da indústria fonográfica, em 1992, que o objetivo fundamental de toda atividade de uma gravadora é reduzir o risco de um fracasso comercial ao lançar uma nova gravação em um mercado imprevisível. Negus argumenta que a principal estratégia utilizada para lidar com essa imprevisibilidade inerente é o desenvolvimento do artista, no qual "uma gama do pessoal da indústria fonográfica contribui para os

sons e imagens do pop e media o artista e seu público potencial" na esperança de criar um mercado para as gravações resultantes.[20]

Nesse sentido, o mercado de signos cria também os valores e qualidades atribuídos a determinados trabalhos e sonoridades. Isso se dá por meio dos discursos de segunda ordem, criados como estratégias de mercado, associando valores na apropriação dos sons para determinados fins. Em suma, boa parte dos valores que atribuímos e utilizamos como referência para criar e questionar determinadas propostas sonoras advêm de uma interação negociada entre elas, dentro de um mercado de signos. Isso por si só já interfere nas escolhas dos processos, materiais e recursos a serem utilizados em uma prática fonográfica.

Notas do capítulo 3

1. IAZZETTA, 1996.
2. PAIVA, 2002, p. 29.
3. AUMONT. Citado por PAIVA, 2002, p. 17.
4. Disponível em:
<http://www.aes.org/aeshc/docs/recording.technology.history/microphones2.html>.
5. CASTRO, 2012, s/n.
6. CASTRO, 2008, p. 22-23.
7. HORNING, 2012, p. 34.

8. HORNING, 2012, p. 40.
9. ULHÔA, 2011. Transcrição.
10. Hepworth-Sawyer; Golding, 2011, p. 11.
11. HEPWORTH-SAWYER; GOLDING 2011, p. 4.
12. HEPWORTH-SAWYER; GOLDING, 2011, p. 5.
13. BURGUESS, 2002, p. 5307.
14. ULHÔA, 2011. Transcrição.
15. JARRETT, 2012.
16. EISENBERG. Citado por MOOREFIELD, 2005, p. 43.
17. McINTYRE, 2012, 155.
18. Mortmer, 2013.
19. KOTLER, 2000, p. 31.
20. BUTLER, 2012, p. 224.

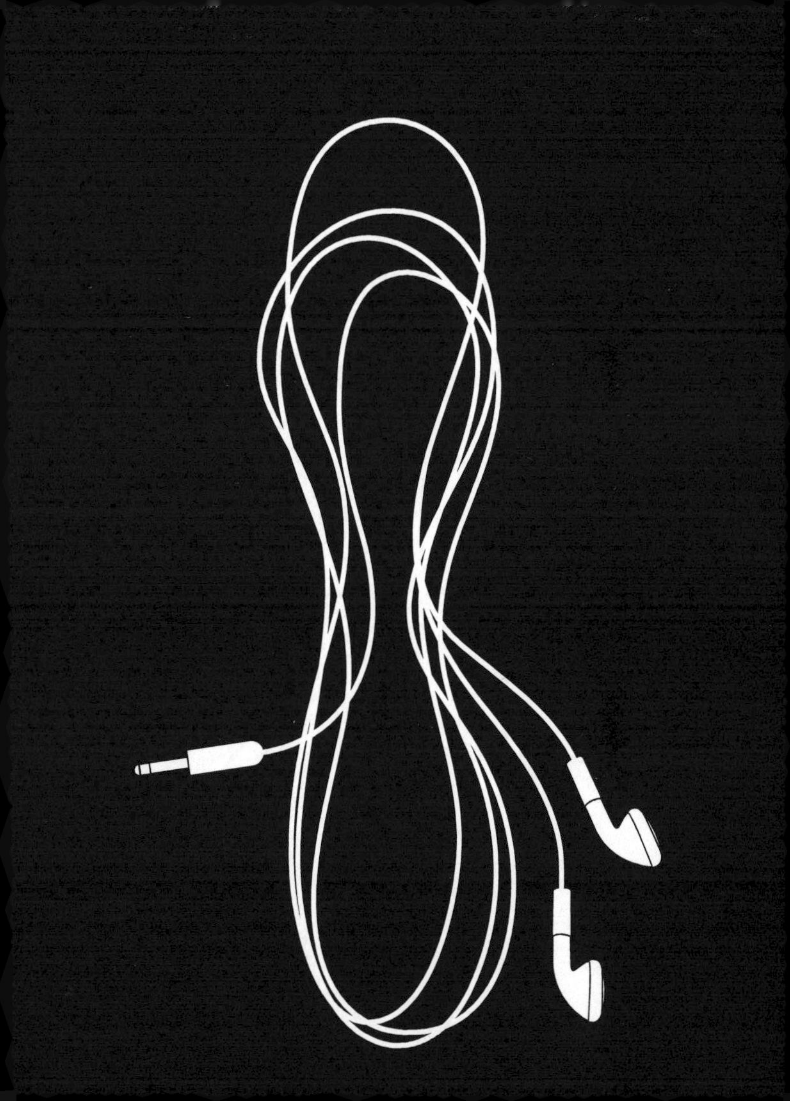

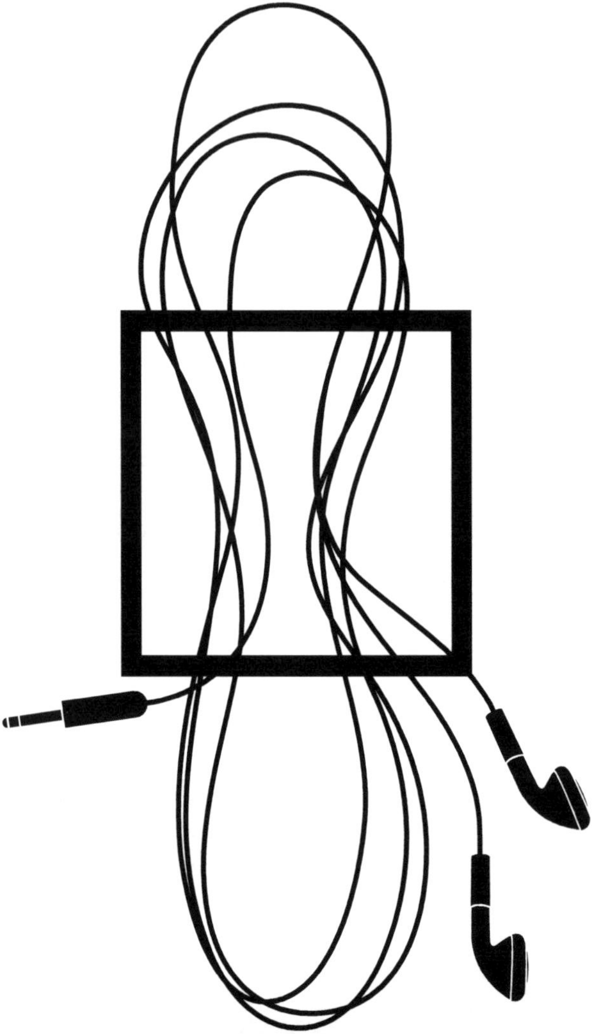

4

CRIAÇÃO MUSICAL E PRODUÇÃO

Uma vez definidos os elementos e os processos que envolvem a construção de um trabalho fonográfico, cabe tentar definir as formas de qualificação dos sons que emergem como sonoridade desse jogo processual e sistêmico.

4.1 O jogo da sonoridade

Conforme vimos no capítulo 1, as qualidades de um som – as sonoridades – podem ser agrupadas de acordo com:
1. suas características físico-sensoriais;
2. as fontes sonoras e identidades;
3. seus usos e territórios;
4. seus afetos e caráteres.

No entanto, o que acontece é que essas características compõem um verdadeiro jogo de qualidades, transformando essas qualificações em instâncias interdependentes na criação de um trabalho fonográfico.

Para exemplificar: consideramos que uma guitarra elétrica com bastante distorção, resultado de uma determinada regulagem nos processadores e/ou amplificadores, pode sugerir agressividade. Isso ocorre em razão da forma de tocar tal fonte sonora, muito associada a gêneros como heavy metal e a um público mais jovem. Essas associações moldam as sensações e emoções, relacionando-as à transgressão e contestação. Ao entrar no território simbólico do metal, temos sentimentos de pertencimento a uma comunidade específica, determinada pela comunhão de valores simbólicos e práticas de escuta e vivência musicais.

No entanto, de certa forma, uma guitarra bastante distorcida molda o modo como deve ser tocada. Dificilmente conseguiremos tocar uma bossa nova com tal sonoridade, e seremos forçados a fazer uma reinterpretação adaptada para tal realidade sonora, o que demanda rearranjo e, por consequência, constrói uma nova sonoridade. Assim, é possível notar a natureza sistêmica da construção da sonoridade, uma vez que o simples fato de tocar uma guitarra extremamente distorcida não significa que se trata de algo do gênero metal. Nem de algo necessariamente agressivo e pesado, uma vez que há várias nuances de ajustes para uma distorção. O que

CRIAÇÃO MUSICAL E PRODUÇÃO

faz com que atribuamos agressividade a tal som vem do jogo interativo entre o jeito de tocar o instrumento, o próprio som, seu uso e o contexto e/ou território onde ele exerce um diálogo simbólico, uma negociação de sentidos.

4.2 Exemplos de produção

A partir desse momento cabe apresentar exemplos de produção musical que ilustrem essa ideia de jogo e construção fonográfica pela criação e articulação de sonoridades. Discutirei duas situações de que participei ativamente. Elas tiveram práticas fonográficas distintas e resultados, portanto, distintos. Em *Gastrophonic*,[1] trabalhei em um contexto de autoprodução, onde fui, ao mesmo tempo, compositor, produtor musical e fonográfico. No segundo exemplo, o álbum *Homônimo*, da banda SOMBA, atuei dentro de uma lógica coletiva de produção, como compositor e músico, trabalhando em conjunto com o produtor musical Anderson Guerra e com os outros integrantes da banda.

4.2.1 Gastrophonic

Gastrophonic é um trabalho fonográfico meu, resultado de um estudo criativo sobre as novas ferramentas disponíveis para composição e produção musical. Durante a minha graduação em composição houve certa ênfase formativa em microprocessos, questões dicotômicas entre forma e conteúdo, estruturação de obras segundo unidades convenientes, estudo das técnicas de composição e em linguagens melhor documentadas. Desse período fértil, ficou a sensação de que a menor unidade sígnica possível para um trabalho composicional é a nota, que seria uma espécie de átomo linguístico-musical de vários "idiomas" e estilos composicionais. Afinal, a relação entre notas (alturas) é a base do sistema tonal, assim como proposições e jogos sistematizados entre alturas foram a base para o atonalismo e até para o serialismo ou, sendo mais preciso, para boa parte das sistematizações harmônicas (pelo menos durante certo período).

Porém, com a prática criativa em estúdio, onde há composição por *loops*, processamento digital de sinais de áudio, pesquisa de fontes sonoras diferenciadas dos instrumentos tradicionais ou de novas sonoridades para eles, foi imperativo notar que o "átomo" não é a nota. Esse "átomo" é algo mais próximo do que eu chamaria de uma unidade semiótica, uma espécie de agrupamento gestáltico, algo que se percebe em unicidade sob variadas formas: células rítmicas, *ostinatos* melódicos, frases, gestos sonoros, timbres, texturas timbrísticas, estratos etc. Philip Tagg tece considerações sobre um conceito similar, uma espécie de *transposição poética*[2] expandida do conceito linguístico de morfema, intitulado musema, termo primeiramente cunhado por Seeger e redefinido por Tagg.

> Um musema é então uma unidade mínima do discurso musical que é recorrente e significativa em si mesma, dentro da estrutura de cada gênero musical. Isso significa que as estruturas constituintes de um musema em um estilo não necessariamente constituem um musema em outro estilo e, mesmo quando isso acontece, o musema em questão não terá necessariamente a mesma conotação.[3]

Alguns programas DAWs como o Logic Audio possuem uma grande biblioteca de *samples* (amostras), classificadas sob os mais diversos aspectos – desde relações simbólicas com gêneros musicais até uma tipologia das fontes sonoras, passando pelo caráter (*ethos*)[4] e funcionalidade de cada amostra. Nesses casos, é perceptível que as unidades estruturais em uma composição elaborada com tais ferramentas dialogam bem com o conceito de musema. Foi isso o que me motivou, uma vez que questões sobre relações estruturais entre forma e conteúdo deixaram de ser um objeto sobrevalorizado para se tornar apenas mais um parâmetro nas relações de escuta e criação. O atributo que se sobressai em trabalho criativo com gravações é a sonoridade, sua elaboração e uso, a partir de uma prática de pesquisa sonoro-musical experimental.

Ao mesmo tempo, como mote para o desenvolvimento do trabalho *Gastrophonic*, parti da musicalização de poemas de minha autoria, ou criados em parceria com outros autores, e para isso houve uma pesquisa sobre possíveis transposições poéticas entre linguagens literárias, visuais e sonoras.

Dito isso, vale lembrar que as primeiras coisas que nos são sugestionadas quando pensamos em termos como "música popular", "poemas musicados", "signos", "significados e contextos" são questões inerentes ao campo sistêmico da canção. Este é um trabalho eminentemente sobre canção, que tem por intenção interagir com as forças presentes no campo sistêmico da canção popular brasileira. O trabalho é composto por uma coletânea de dez fonogramas.[5] Analisarei apenas os três mais significativos em termos de intenção e realização: "Machado", "Infinitivo tempo" e "Sobre o futuro".

Em "Machado", o jogo entre o sonoro e o musical é proposto logo na apresentação de sons de machadadas cravadas em madeira, aparentemente assíncronos, mas que se rendem a uma organização temporal em torno de uma pulsação. Há a intenção do reconhecimento da fonte sonora, bem como há a intenção de que a composição seja índice de uma ação, uma sugestão de uma atividade madeireira extrativista, expressa na sensação de casualidade suscitada pelo sequenciamento dos sons de machadadas. Em seguida, uma sucessão de eventos sonoros que se apresentam tão logo a noção sincrônica é estabelecida: são introduzidos sons que indicam mais sobre um universo sonoro madeireiro – motosserra, serra elétrica, fogo, estampidos etc. Ao mesmo tempo, é apresentada uma

CRIAÇÃO MUSICAL E PRODUÇÃO

espécie de estribilho vocalizado: "Machado manchado achado no chão". Nesse ponto, os índices sonoros mais marcantes se caracterizam por processos repetitivos: repetições do estribilho (que em si já contém um elemento de repetição expresso pela aliteração /ch/), repetições em pulsos regulares dos sons de machadadas, texturas sonoras derivadas de diversos tipos de serras, repetição em uma determinada figuração rítmica de estampidos graves amalgamados com uma nota do baixo elétrico. A partir de então, todos os elementos indiciais objetivos, que podemos chamar de agentes-instrumentos, já foram apresentados. Os objetos sonoros se apresentam então da seguinte forma:

a. Uma célula rítmica, um complexo-ostinato constituído de sons de machadadas e sons de estampidos graves, construindo um ritmo que se assemelha a uma levada6 de bateria composta apenas pela marcação bumbo/caixa. Mais ainda, a própria sonoridade do estampido é cuidadosamente regulada e ajustada (por plug-ins de compressão da faixa dinâmica) para se fundir com uma nota grave do baixo elétrico, um Lá 1. Da mesma maneira, a sonoridade do baixo é ajustada – via uma combinação de regulagens entre amplificador/compressor –, para que haja uma relação ataque/ressonância menos brusca, com um transiente suave, na busca por uma fusão entre os sons do baixo e dos estampidos.

A resultante sonora é similar ao resultado obtido na técnica conhecida como ducking,7 muito utilizada em gravações de música dançante. Dessa forma, temos um elemento sonoro composto (ataque-ressonância), com o caráter percussivo do estampido e uma definição de altura proveniente da nota do baixo. Esse elemento não é um musema em si, mas parte constituinte do musema ostinato rítmico. Este último é um composto de dois elementos: o híbrido sonoro [baixo-estampido] e o som de machadadas – que se caracteriza por sua imutabilidade timbrística e regularidade de pulso.

b. Dois objetos sonoros de textura, sendo o primeiro composto por uma mistura de sons de fogo, madeiras e galhos quebrando, bolas de fogo, folhas... em suma, sons naturais de uma situação de degradação florestal, com uma textura de chiado. O segundo, que dialoga em termos situacionais com o primeiro, é composto por uma mistura de sons de serra elétrica, motosserras, e um timbre de baixo elétrico especialmente ajustado para obter uma combinação espectral, um comportamento energético-temporal (allure)8 pertinente a este objeto-textura serrilhado. Apesar de este último elemento sonoro também possuir uma dimensão melódica – ele compõe uma dobra à melodia da voz –, é perceptível que sua aparição e execução visa a uma espécie de orquestração de sonoridades, onde o timbre, o allure e sua permanência elaboram uma interseção entre a melodização e a sonoridade textural fundamental nesta canção.

c. Um objeto sonoro de caráter harmônico-timbrístico-temporal, executado por uma rabeca brasileira, com forte marcação no contratempo da pulsação fornecida pelo [complexo-ostinato]. Este objeto [rabeca] é tocado e captado de maneira a obter uma ênfase nos detalhes "serrilhados" provenientes da fricção do arco nas cordas. No aspecto das alturas, ele apenas pontua inflexões harmônico-tonais sugeridas pela melodia vocal, trabalhando somente com os graus tonais de Lá menor.

d. Por último, dois objetos sonoros de índice vocal. O primeiro se apresenta como o estribilho já citado anteriormente, que é executado de maneira a exaltar as aliterações proporcionadas pelo fonema /ch/. O segundo se apresenta como um complexo melodia-dobra, pensado para que seu perfil melódico descendente induza a um allure de raleamento espectral, deixando a voz mais "escura", mais opaca, no decorrer de sua entoação. Ao mesmo tempo, três fonemas presentes no texto se sobressaem: /s/, /n/, /cr/ ("a mancha sanguinolenta desfaz em branco seu tom magenta, escorre pelo ocre, medíocre, se acinzenta...").

Portanto, temos o seguinte: o musema *ostinato*, por sua constituição sonora e performática, organiza a condução métrica e temporal ao longo da canção. Ele dialoga com uma performance consagrada instrumentalmente pela bateria, configurando o que já foi citado como levada. A característica de ataque rápido, incisivo e marcado, presente na caixa-clara de uma bateria é o que norteou a escolha do elemento "machadada", dentre suas várias possibilidades fonográficas. Ele possui *allure* expresso por um ataque incisivo e uma "ressonância" advinda de sons de lasca de madeira se soltando após o golpe. Aqui, a intenção de identificação da fonte também norteou a escolha da amostra sonora, em que tal atributo, aliado ao seu sequenciamento como marcação de pulso, constrói um evento que indica uma ação contínua e ininterrupta, própria do ato de cortar uma árvore e, de maneira expandida, própria do ato de desmatamento. O objeto [baixo-estampido] complementa o musema, e este então é repetido insistentemente sem variação, causando até certo incômodo na parte final. Essa sensação é construída por uma repetição que, apesar de enfadonha, se demonstra intencional, como uma metáfora afetiva do incômodo proporcionado por ações de degradação florestal. Tal musema se desfaz ao final, com o baixo se separando do estampido, em uma expansão deste último. Uma explosão encerra de maneira abrupta e invasiva o *ostinato*, determinando um ponto final, a derradeira "gota d'água" desse processo, articulando uma consequência

CRIAÇÃO MUSICAL E PRODUÇÃO

simbólica expressa com o som da queda de uma árvore. Vale notar, ainda, que o *allure* desta última fonte sonora (queda da árvore) assume algo do objeto de caráter chiado, que é uma das componentes da base de sonoridade do fonograma.

Nessa canção, vemos que os elementos se "orquestram" e dialogam por sonoridades aparentadas: a sonoridade de chiado aparece na textura proporcionada pelos sons "naturais" (fogo, galhos, folhas), pela aliteração insistente do /ch/ no estribilho/refrão e, em parte, pelo *allure* do objeto [rabeca]. Em parte, pois o comportamento da sonoridade do objeto [rabeca] possui características timbrísticas que o colocam entre o chiado e o serrilhado. Isso transforma este objeto em um articulador de sonoridades, uma vez que seu elemento serrilhado dialoga com a textura dos objetos sonoros da classe das serras (serra elétrica, motosserra, baixo/serra). Da mesma forma, o elemento (baixo/serra) funciona como articulador sonoro, elidindo características do serrilhado com um elemento melódico, na sonoridade presente no objeto [vocal/melódico] entoado como um verso.

Podemos qualificar a estruturação melódica deste último objeto citado por questões que consideram a dinâmica do brilho e da coloração vocal (figura 10). É uma melodia em terças (figura 9), o que em si já propõe uma coloração timbrístico-harmônica mais brilhante. No entanto, a direcionalidade do seu perfil – que nasce em um registro vocal brilhante e termina em uma região escura, opaca e franzina da voz – sugere uma transposição poética da própria dinâmica cromática das queimadas, que começam com um brilho ígneo e terminam em uma coloração matizada entre o ocre e o acinzentado, após o consumo de seu material. Essa construção dialoga com o conteúdo literário do verso.

Figura 9: Estrutura melódico-harmônica do objeto sonoro [vocal/melódico] em "Machado".

Maior densidade espectral (+cor e +brilho--- -Menor densidade espectral (-cor e + opacidade)

Figura 10: Sonograma do objeto sonoro [vocal/melódico] em "Machado".

CRIAÇÃO MUSICAL E PRODUÇÃO

O fonograma acaba se configurando, então, como um objeto híbrido, algo entre a canção e o poema sonoro, o que condiz perfeitamente com o objeto de inspiração: o poema visual "Machado" (figura 11). Em tudo, o fonograma se mostra crítico às questões ambientais, além de sugerir por sua própria feitura uma espécie de reciclagem, um pensamento mais sustentável, que é expresso pela utilização de fontes sonoras oriundas de atos destrutivos. Esse fonograma tenta se apropriar de questões sinestésicas para construir suas transposições poéticas: as cores ocre e cinza, presentes no poema visual, transpostas para a letra e para a melodia pela perda de coloração timbrística; a questão do ato repetitivo e destrutivo; a melodia que escorre para um chão, como o chão/mancha presente no poema; a sonoridade de chiado, serras e ataques, que ajuda na construção sinestésica do tátil das cinzas, do fogo. Tudo isso influi na diferenciação do objeto artístico e posiciona-o mais próximo ao poema sonoro. No entanto, há algo de canção, expresso pela forma estribilho, verso bastante comum às canções, bem como pela própria vocalização e valoração musical no tratamento das sonoridades neste fonograma.

Figura 11: Poema visual "Machado". Fonte: Castro, 2008.

Já em "Infinitivo tempo", primeiramente nos é apresentada uma sonoridade fundamental, que se mostra por uma fusão entre elementos maquínicos, aliados a algo que constrói uma noção de peso por ênfase no registro grave. Notamos, também, a presença de elementos "ruidosos", em registro espectral mais agudo, como inserções acidentais de uma sonoridade maquínica contrastante. Podemos descrever essa sonoridade fundamental pela presença de elementos percussivos graves combinados com elementos discursivos advindos de um som de baixo elétrico. A noção de peso também é corroborada pela composição de um andamento mais "arrastado", que ocorre na sobreposição dos elementos maquínico-percussivos fundamentais. Em suma, nessa canção o tempo se apresentou como fator primordial para a escolha do material indicial e fundamental de sua sonoridade. Os objetos sonoros dela se apresentam de uma maneira um pouco diferente:

    a. Um objeto sonoro fundamental, que serve de alicerce para a construção de uma sonoridade ligada às noções de peso e tempo. Isso advém do uso de um fonograma-ostinato, um musema elaborado por meio de uma transposição (feita por processamento digital) descendente em duas oitavas de uma célula rítmica executada em tímpanos. A característica de altura definida se perdeu nesse processamento, em detrimento do aparecimento de uma sonoridade percussiva pesada e "deformada", cíclica e, até certo ponto, acusmática. Este é o objeto de condução temporal, que permanece presente e ininterrupto até o fim da obra;

    b. Um objeto sonoro de textura, composto por elementos com sonoridades maquínicas, executados de maneira a elaborar ciclos/ritmos: sons de máquinas fotográficas, relógios diversos, carros, esmeril. Eles são combinados de modo a formar uma textura polirrítmica pela convivência e interação entre vários tempos e métricas. Outro fator importante na execução desse objeto é a espacialização binaural[9] de seus elementos, que perfazem movimentos circulares ao redor do ponto de escuta;

c. Um objeto sonoro de caráter timbrístico-harmônico nebuloso, delimitado por uma condução ora harmônica, ora melódica feita pelo baixo elétrico. O baixo é tocado de maneira arpejada, o que o torna responsável pela coloração harmônica. Porém, no registro utilizado, a interação entre as alturas causa uma nebulosidade na percepção das mesmas, o que confere ao objeto uma coloração harmônica menos definida e mais carregada.10 Os momentos de maior e menor nebulosidade são propiciados por alternância entre a ocorrência de acordes arpejados e momentos de condução melódica;

Um objeto sonoro de índice vocal, cujo timbre é também filtrado, com vistas a uma melhor inserção na sonoridade geral desta faixa. Porém, ele é trabalhado também por uma composição por linhas de atraso (delays), espacializadas binauralmente. Neste ponto se insere mais um aspecto sobre o tempo como componente da sonoridade: o tempo ligado à memória, e não a uma sucessão cronológica irrefreável. Aqui, ainda há detalhes temporais e métricos trabalhados no domínio da construção melódica: há divergências métricas entre melodia e texto, quando da segunda exposição da letra. Isso induz quebras literárias, pequenas perversões semióticas que enfatizam outro sentido textual. De maneira geral, tais "impertinências" formais são pontuadas por sonoridades adjacentes incidentais, configurando uma espécie de jogo de sentidos.

CRIAÇÃO MUSICAL E PRODUÇÃO

Aqui o objeto sonoro [baixo/nebuloso] se qualifica por uma estrutura alternante entre o harmônico (A/A') e o melódico (B/B'), em registro grave (Figura 12).

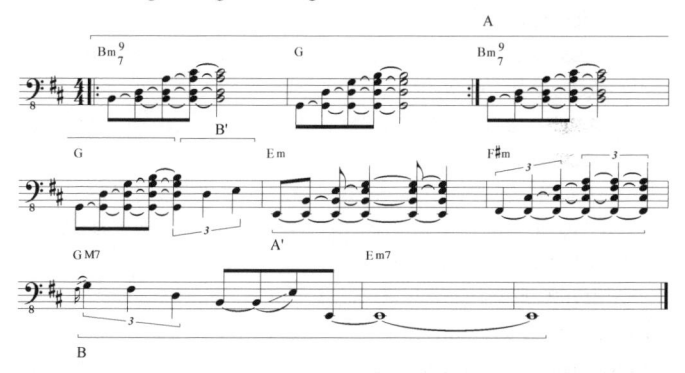

Figura 12: Estrutura harmônico-melódica do objeto [baixo/nebuloso].

Podemos perceber nesse objeto que há uma alternância entre o repetitivo (A) e o condutor discursivo (A'), articulados por uma antecipação condutiva melódica (B') do elemento finalizador (B). O elemento repetitivo faz referência a um tempo não mais sucessivo, mas, sim, memorial, cíclico e recorrente. Nele, ainda há uma alternância interna de cores harmônicas, entre um acorde com um *allure* mais imprevisível (Bm_7^9) e outro mais estável (G). Este objeto foi elaborado para dialogar com a métrica literária de maneira bastante flexível, sofrendo distorções temporais – os elementos são expandidos ou condensados conforme conveniência semiótica – que induzem sentidos distintos para um mesmo texto ao longo da apresentação fonográfica. Ainda, a respeito de sua estrutura, há uma composição métrica de alternância binária (colcheias arpejadas) e ternária (quiálteras), que constroem um senso de *rallentando* e frenagem, para pousar sobre a nota longa Mi.

A textura sonora desse objeto ajuda a definir a sonoridade da canção, por meio de uma composição timbre-tempo entre ele e o objeto de condução temporal, enfatizando ainda mais um atrelamento entre as noções de peso e tempo, e elaborando um jogo entre um tempo cronológico e um psicológico. Há ainda certa condução discursiva e timbrística no sequenciamento das componentes do objeto [textura/maquínico], com um engendramento entre sons cíclicos (relógios, máquinas cíclicas) e sons de ocorrência episódica (carros passando, esmeril). Estes últimos interagem simbolicamente com o texto, construindo um complexo [palavra/sentido sonoro] que pontua o elemento literal.

Para o objeto [voz] (figura 14), a construção sonora por linhas de atraso espacializadas se funde ao jogo das questões temporais suscitadas pelos outros objetos. Na construção melódica, percebemos que a melodia permanece inteiramente dentro do registro de um intervalo de sexta (entre Si1 e Sol2), executando um perfil melódico cíclico e alternante, ora em direção ao Si1, ora ao Sol2, em um vai-e-vem que tem como ponto de repouso central a nota Ré (figura 14). Este é um fator de repetição que se articula com a variação rítmica e métrica na melodização do

CRIAÇÃO MUSICAL E PRODUÇÃO

texto, que também pode ser vista na figura 13, onde há momentos alternantes entre compressão e dilatação temporal. Em resumo, a construção melódica assume um caráter expressivo por sua sonoridade temporal, onde corruptelas na performance rítmica e "repetição variada" na melodia constroem uma expansão de sentido e um jogo com a expressividade sígnica presente no texto.

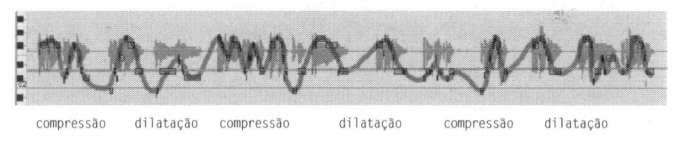

Figura 13: Perfil melódico da primeira exposição do texto, em "Infinitivo tempo".

Figura 14: Estrutura harmônico-melódica na primeira exposição do texto, em "Infinitivo tempo".

Aqui o próprio tempo verbal já serve de mote para o trabalho do elemento temporal como uma questão expressiva fundamental nessa canção. O poema tem uma versão visual (figura 15), que também expressa esse elemento.

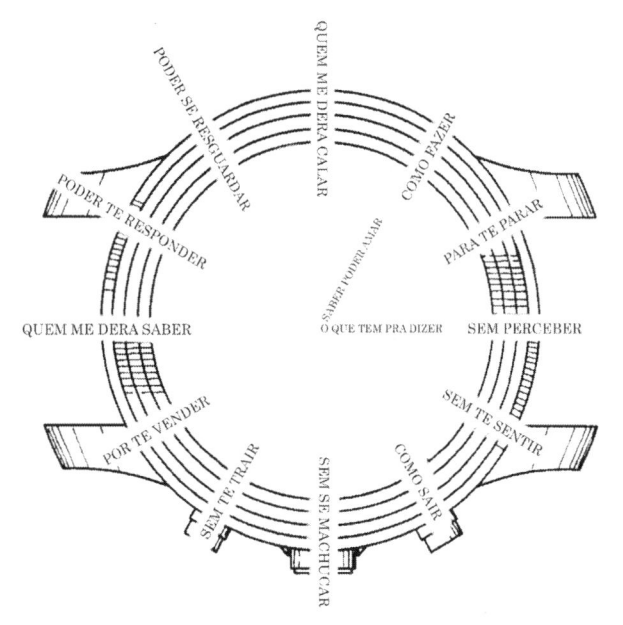

Figura 15: Poema visual "Infinitivo tempo". Fonte: CASTRO, 2008.

Pela própria constituição do poema, construído fundamentalmente sobre o tempo verbal infinitivo, a ideia de

CRIAÇÃO MUSICAL E PRODUÇÃO

uma ação que não se encerra e do jogo entre tempo psicológico e cronológico é trazida para a música pela elaboração de sonoridades cíclicas, episódicas, e pela melodia construída de uma maneira metaforicamente "infinitiva", pois dá margem para variações métricas e interações diversas com o texto. As linhas de atraso instrumentalizam a questão memorial na melodia, onde os aspectos cronológicos são expressos nas variações métricas e na compressão/dilatação melódica. Simultaneamente, as questões ligadas ao tempo cronológico são expressas também por uma sensação de peso, o peso do passar do tempo. E esse peso acontece por uma sonoridade grave, por um *ostinato* marcado e grave, com uma pulsação invariável e contínua. As variações ocorrem na métrica e não na pulsação. Isso dialoga claramente com o sentido da letra, que questiona como fazer para parar o tempo, mesmo sabendo que este não para. E, ao mesmo tempo, desnuda ao final os três pilares de solução para o insolúvel: o jogo verbo-nominal com as palavras "saber", "poder" e "amar", que sugere que o peso do tempo talvez possa ser vencido ou amenizado com sapiência, potência e amor.

Por fim, em "Sobre o futuro", é um objeto sonoro no registro agudo que se apresenta inicialmente, identificado como um som proveniente de um instrumento de cordas pinçadas, porém dotado de certa delicadeza timbrística e performática, o que turva um pouco a sua percepção identitária. Em termos indiciais, é a mais simples das três canções aqui abordadas, pois possui uma instrumentação mais rarefeita, composta apenas por dois instrumentos e duas vozes. Nela há apenas três objetos sonoros:

a. Um objeto condutor de discurso, um cordofone de registro agudo e metálico, tocado de maneira delicada, em *rubato*, construindo uma figuração rítmica que nos remete, em um primeiro momento, aos prelúdios barrocos. Não sem algum esforço, damo-nos conta de que estamos diante de um cavaquinho. A elaboração de sua parte, o encadeamento harmônico e a sua estrutura performática o afastam de sua sonoridade referenciada pelo samba para propor algo mais pertinente a uma caixinha de música. Sua captação e processamento por compressão dinâmica foram feitas para conseguir um contato mais íntimo com o *allure* fugaz deste instrumento.

b. Um objeto contrastante em registro, porém complementar e redefinidor da condução discursiva: a linha de baixo que entra a partir da segunda exposição do texto. Seu caráter melódico contrasta com a mudança na condução do objeto discursivo (citado anteriormente), onde este último perde sua execução preludiana para se configurar como uma levada rítmica que enfatiza a mudança de caráter em seu *allure*, por consequência da execução sincrônica das notas dos acordes;

CRIAÇÃO MUSICAL E PRODUÇÃO

> c. Por último e mais uma vez, um objeto [voz], que é entoado em timbre magro, suave, aerado, mesmo quando aparece dobrado em terças (segunda entoação da letra). Sua performance vocal enfatiza um caráter de delicadeza e fragilidade, presente também na construção melódica do canto.

Temos, portanto, a qualificação do objeto [cavaquinho-caixinha de música-arpejado] por duas características distintas, que ajudam na percepção formal da canção. Ele, como já foi dito, aparece primeiramente com uma estrutura rítmica aplicada aos acordes arpejados, o que nos remete a um prelúdio. Ainda nessa parte, a escolha das notas componentes dos acordes se norteia pela execução, para que todas ressoem e se prolonguem ao máximo, com uso de cordas soltas e o toque sem abafamento. Isso contribui para a qualificação da sonoridade do cavaquinho como próxima à de uma "caixinha de música". Na segunda entoação da letra, há uma mudança: o cavaquinho passa a ser tocado de maneira mais rítmica, como se finalmente ele se revelasse, porém distante ainda de sua sonoridade tradicionalmente associada ao samba. Aqui, ele se aproxima mais das levadas de ukulele, outro cordofone, muito presente em música havaiana.

O objeto [voz] (figura 16) tem sua constituição melódica caracterizada por um jogo entre permanência (nota longa) e condução expressiva. No âmbito das notas longas, percebemos que elas configuram um jogo funcional, alternando entre nota do acorde e nota melódica. E isso acontece de modo que haja uma interação expressiva com a letra.

Figura 16: Estrutura melódica do objeto [voz], em "Sobre o futuro".

Sobre essa interação formal poético-musical (a 6ª relação sistêmica elencada por Vaz), devo dizer: as notas longas acontecem em palavras-chaves, como "presente", "semblante", "amigo" e "amante", fazendo uma sugestão de permanência e presença sobre esses significados. Ocorre, assim, um jogo pertinente à própria letra, um jogo entre as 1ªs e 3ªs pessoas, entre quem fala e o destinatário da mensagem. Vale notar, ainda, que a entrada da segunda voz dobrada em terças, que se amalgama com a primeira em uma entidade [voz-dobra],

CRIAÇÃO MUSICAL E PRODUÇÃO

ocorre quando a letra se refere à palavra "amante", o que corrobora com a construção de sentido para o tema desta canção: amor. Junto a isso, temos o fato da entrada do objeto [baixo], em registro bem grave e contrastante ao cavaquinho. Ele, de certa forma, redefine a harmonia descrita pelo cavaquinho, complementando-a e ajudando a construir um sentido de opostos que se harmonizam: opostos em registro, timbre e condutividade melódico-harmônica.

Em "Sobre o futuro", o arranjo, a interpretação e a gravação foram feitas de forma a ressaltar a intenção da letra: é uma letra de amor. Nela, o autor se apropria também de questões sobre o tempo verbal futuro – expresso em mesóclises – para projetar o que deve ser o amor, um casamento entre questões individuais complementares, entre o eu e o outro, uma doação à unicidade. Isso é expresso no fonograma pelo casamento entre os opostos complementares baixo/cavaquinho e entre as vozes na segunda entoação da letra. A própria música é uma realização metafórica do amor como algo delicado, complexo e expressivo, onde questões opostas convivem harmoniosamente.

Sobre o Futuro

Dar-me-ei de presente
polir-te-ei até o brilhante
guardar-te-ei sempre comigo
perder-me-ei em seu semblante

> Sentir-me-ei como amigo
> Sentir-te-ei como amante[11]

Concluindo, temos que as questões aqui levantadas propõem uma forma alternativa de abordagem destes objetos musicais, tentando uma compreensão semiótica e composicional dos mesmos.

Pelo lado da criação, a busca por uma qualificação perceptiva dos objetos sonoros e musicais presentes teve a intenção de dialogar com o texto para obter uma expansão sígnica e, assim, construir um jogo de sentido e significado. A intenção não é garantir um significado e uma forma de perceber que seja mais adequada, mas, sim, propor algo mais: um jogo entre sensações, percepções e signos. Propor algo que possa dar margens a interpretações criativas, que possa ser entendido e/ou fruído de maneira aberta às diversas possibilidades de compreensão.

Pelo lado analítico, a mesma qualificação perceptiva dos objetos, advinda de uma escuta atenta à sonoridade, pode servir como uma boa ferramenta para entender o jogo de engendramento simbólico existente no processo de composição/produção. Isso permite uma melhor compreensão e uma aproximação aos valores expostos e propostos em uma canção fonográfica. Pelo lado dos trabalhos analíticos sobre a canção, há muita ênfase na relação texto-música (e muito mais texto/contexto do que música). Nesse ponto, entender o conceito de sonoridade e compreender que este é o pilar fundamental para todas as construções discursivas sobre um fonograma, é entender o jogo existente entre as possibilidades de escuta. E mais, é chegar mais próximo da real expressividade que uma canção tem dentro do seu campo sistêmico, de seu significado dentro de seu meio social e de sua expressão como objeto estético.

No que diz respeito à confecção deste trabalho, há algumas peculiaridades: apesar de ser feito baseado na ideia de canção, é um trabalho que propõe interseções com a música acusmática eletroacústica e, principalmente, com a música eletrônica baseada em *loops*, a chamada *loop-based music*. Ele é todo construído a partir de intensa pesquisa em bibliotecas de sons, *loops*, processamento digital de sons e sequenciamento MIDI. A escolha do material sonoro utilizado reflete o resultado de um experimentalismo sensorial e processual de algo que constrói ou possibilita uma maior profusão simbólica. A ideia era explorar sem restrições alguns dos recursos de edição e processamento digital possibilitados pelos DAWs, com o intuito de obter – conforme a sonoridade construída – sensações que correspondessem às ideias abordadas em cada canção. É um trabalho em que o caráter autoral e individual é bastante forte, resultado que reflete as escolhas estéticas de algo feito em regime de autoprodução, em que todas as escolhas artísticas são escolhas do autor/compositor/produtor.

Pensando no território de atuação desse trabalho, em um diálogo com gêneros musicais, vemos que ele parte de uma manifestação poética para tecer e reforçar relações sistêmicas com o campo da canção. Mas a canção em si é uma manifestação e não um gênero musical. Então, podemos dizer que o processo e o resultado do álbum *Gastrophonic* estabelecem diálogos com a música eletroacústica, o xote, o tropicalismo e a música indiana, construindo um caminho em direção a uma MPB mais moderna, que insere os elementos acústicos em perfeita sintonia com o eletrônico. E isso reflete uma das inspirações para esse álbum: o álbum *Na pressão*, do cantor e compositor Lenine. Apesar do *Gastrophonic* soar bem diferente do citado álbum, a sonoridade proposta por Lenine, e que integra instrumentos acústicos, canção popular e sonoridades eletrônicas, serviu como referência estética para a feitura deste trabalho.

O que foi relatado sobre o trabalho *Gastrophonic* fez com que ele tivesse um resultado bem diferente do próximo trabalho a ser abordado: o álbum *Homônimo*, da banda SOMBA.

4.2.2 Homônimo - SOMBA

Homônimo é o quarto álbum de estúdio da banda SOMBA. Atualmente, formamos a banda eu, o baixista Avelar Jr., o baterista Léo Dias e André Mola (componente recentemente integrado à banda, após o lançamento do

CRIAÇÃO MUSICAL E PRODUÇÃO

álbum, em novembro de 2014). É uma banda que trabalha dentro do universo do pop/rock e das *jambands* (bandas que trabalham o improviso como expressão de performance e identidade da banda).

Neste trabalho a banda obteve um resultado completamente distinto dos outros álbuns (*Abbey roça*, 2000; *Clube da esquina dos aflitos*, 2003 e *Cuma?*, 2007): a ideia era explorar mais a fundo o caráter coletivo da produção fonográfica de uma banda, sem o acúmulo de funções. As etapas foram delimitadas dentro de um fluxo de trabalho fonográfico mais tradicional: pré-produção, gravação, mixagem e masterização. Mais do que isso tudo, a ideia desse álbum foi trabalhar com sonoridades antigas, oriundas de dispositivos "vintage" e de práticas fonográficas mais condizentes com tais dispositivos – microfones de fita, equipamentos valvulados e analógicos, gravadores de fita magnética (os chamados gravadores de rolo). Essa abordagem se deu por acordo entre o produtor musical Anderson Guerra e a banda, como resultado de um norte estético para a sonoridade do trabalho a partir de sua pré-produção.

Na etapa de pré-produção do processo fonográfico é que são pensados os arranjos, a criação, a execução, o planejamento da gravação, a escolha do repertório, entre outras questões referentes a ensaios para a prática fonográfica. E isso é feito por uma gravação/esboço, em que as músicas são compostas e algumas possibilidades de sonoridades e de interpretações são testadas, formando um material bruto para ser lapidado na gravação.

No caso do SOMBA, o material bruto chegou a ser composto por 18 canções. As gravações de esboço (pré-produção ou simplesmente, "pré")[12] foram feitas de maneiras distintas. Para a seção rítmica (bateria e percussão), algumas tiveram as partes sequenciadas, enquanto outras foram tocadas por uma bateria MIDI Alesis DM-6, controlando um *software* simulador de bateria (EZDrummer). As partes de guitarras, violões, baixos e vocais foram gravadas de maneira menos preocupada com a exatidão da performance e, portanto, foram acertadas por edição e processamento digital. Isso se deu dessa forma por ser ainda uma etapa de testes e de bastante experimentalismo do material musical e da forma. A ideia nessa etapa era experimentar os possíveis arranjos, possíveis caminhos de sonoridades e inserções para as partes. Alguns arranjos – como naipe de metais e teclados – foram feitos por simulação, por meio de módulo MIDI controlado pela guitarra, o sistema do GR-55 da Roland. Neste, por um captador hexafônico, o sinal da guitarra é transformado em mensagens MIDI que controlam o módulo GR-55.

Das 18 canções, a banda escolheu 12 para fazer parte do novo álbum: "Kem soul"; "The ox"; "Carne fraca"; "Trânsito"; "Real One"; "Vem pro meu lado negro, Nega!"; "By heart and soul"; "Rocambole"; "Musichat"; "Correria"; "Light your fire"; e, finalmente, "Eu queira fazer uma música para vender, mas, PQP!!! Eu não consigo!". As gravações das pré-produções delas estão disponíveis para consulta *online*. A partir da pré-produção, juntamente com o produtor Anderson Guerra, traçamos o caminho para explorar os processos de obtenção de sonoridades para a etapa posterior (gravação). Esse caminho acabou sendo definido música a música, de acordo com o caráter, letra e tipo de performance esperada. A metodologia veio para cada situação de gravação de cada instrumento: pensamos a melhor sonoridade de referência para cada música (a partir da comparação com outra gravação que servisse como base, por exemplo: bateria de determinada música de um álbum do Black Sabbath) e tentamos atingi-la.

Para as baterias, a referência mais forte veio de gravações de gêneros musicais mais ligados ao *classic rock*, tanto em sua vertente estrangeira (The Who e The Beatles, além de Black Sabbath e outros mais aparentados com o *british hard rock*), como em sua referência nacional (Os Mutantes e, principalmente, Rita Lee e Tutti Frutti). São baterias com sonoridade mais seca e pouca reverberação, oriundas de estúdios menores e mais acarpetados, com pouca microfonação (figura 17). Além disso, a própria bateria era regulada e afinada de outra maneira: era bastante comum a ausência de peles de resposta e uma afinação um pouco mais grave e abafada, com menos harmônicos. Essas regulagens estão em consonância e refletem a musicalidade do baterista Léo Dias. É como se tais regulagens timbrísticas ajudassem na expressão de sua forma de tocar. Daí temos que sua sonoridade é sessentista e setentista por definição. Essas acabaram sendo o que poderíamos chamar de sonoridades de referência, com as quais cada música a ser gravada deveria dialogar. Para isso, colocamos mais microfones, abafando menos e captando mais a acústica da sala.

Figura 17: Gravação da bateria com Léo Dias. Fonte: Ricardo LAF.

Na etapa da gravação ocorre a captação das fontes sonoras. Nela as decisões são tomadas com base nas referências e na administração das possibilidades/limitações do processo. Pelas referências, muitas práticas de gravação antigas ocorriam por sobreposição de instrumentos a partir de uma base ou guia gravada ao vivo. Aqui, pela disponibilidade de tempo e para termos mais flexibilidade, optamos por gravação assíncrona, ou seja, cada instrumento gravado separadamente. A sobreposição de gravações se deu baseada em uma guia de pulsação, uma trilha de metrônomo.

Também, com base nas referências, a bateria teve suas peles trocadas para peles porosas, apropriadas para sons mais *vintage* (referência do fabricante de peles Evans). Além disso, foram tiradas as peles de resposta e usamos abafadores (emplastros e flanelas) nas peles de cima, cuidadosamente ajustados para filtrar determinados harmônicos indesejados. Para microfonação, utilizamos apenas de quatro a cinco microfones, sendo um dinâmico para o bumbo (AKG D-12), e microfones de fita (Beyerdynamic M160 e M260; B&O BM5) posicionados no espaço entre caixa, chimbau e bumbo (abaixo do prato de corte) e acima dos surdo e tom-tons. Em algumas músicas utilizamos também um Telefunken U-47 para sala. Em outras ("Rocambole", por exemplo) utilizamos apenas dois microfones (bumbo e *over*). Isso, como já relatado, deu-se pelo diálogo com os gêneros: "Rocambole" é uma música mais aparentada com o chamado *gypsy jazz* (jazz cigano), que, por ser um gênero próprio de uma época anterior, usava gravações com poucos microfones e mais informação acústica da sala, pelo menos para a seção percussiva. Nesse caso, os biombos de abafamento foram desmontados e usamos mais a vivacidade acústica da sala.

De qualquer forma, outra componente importante para a sonoridade da bateria foram a compressão e coloração proporcionadas pela gravação em rolo de duas polegadas. O ajuste aqui foi fino. Observamos a região limítrofe de distorção da fita para que houvesse a quantidade necessária dessa característica da mídia. Os ajustes necessários em uma gravação em rolo não são só questões técnicas, mas também questões de aproveitamento estético de suas características. Como outro exemplo disso, podemos citar a música "Vem pro meu lado negro, Nega!", onde a bateria foi gravada com velocidade de rotação do rolo alterada para baixo (Varispeed), para obter uma sonoridade mais firme ritmicamente quando restaurada a velocidade de execução. Isso dá um senso de pulsação mais constante, desejável, uma vez que é uma música que dialoga com o universo do funk americano dançante.

No que diz respeito à direção da performance do baterista Léo Dias, houve modificações no toque: para interagir melhor com tal sistema de gravação montado (acústica e microfones), a melhor timbragem era obtida quando ele tocava de maneira mais fraca, com menos intensidade. Os sons das peças da bateria saíam mais claros, e os pratos ficavam mais definidos e menos agressivos. É um jeito de tocar que proporcionou melhor qualidade do registro sonoro, mas exigiu adaptações do baterista Léo Dias, tirando-o de sua zona de conforto.

Para os baixos, decidimos por gravações diretas em linha, isto é, conectando-os diretamente à mesa. Em algumas músicas foi utilizado um compressor valvulado; em outras, um amplificador de gravador de rolo AKAI 707 valvulado foi inserido entre o baixo e a mesa. Aliado a isso, houve a pesquisa com três modelos de baixos, para ver qual se adequava mais a cada música. Cada baixo possuía uma característica bem peculiar: o modelo Viola, da Epiphone, tem sons mais aveludados e "emborrachados"; o modelo Millenium 6, da Tagima, possui graves bem definidos e tem um som um pouco mais moderno, com bastante clareza. Por sua vez, o modelo Precision, genérico de uma fabricante não identificada, sofreu alterações com uma instalação de um captador piezoelétrico em sua ponte, o que possibilitou mesclar os sons dos captadores (magnéticos e piezos), deixando seu som com um caráter mais *lo-fi* (sigla para baixa fidelidade em inglês), mais "vira-lata" e, ao mesmo tempo, algo híbrido entre um baixo elétrico e um baixo acústico. A combinação entre baixo, forma de captação (com dispositivos insertados ou não), música e forma de tocar foi o que norteou a composição de sonoridades para os baixos, com cada um desses fatores influenciando os demais. Assim, em certas músicas, escolhemos determinados baixos pelos timbres proporcionados, o que, por sua vez, ajudava a moldar a forma de tocá-los.

A mesma metodologia dos baixos foi utilizada para as guitarras. Havia quatros guitarras disponíveis (figura 18), uma Kian (do *luthier* Sânzio Brandão), equipada com uma Variax (da Line 6), duas Fender Stratocaster e uma Fender Jazzmaster. Trabalhamos música a música, sempre escutando referências que dialogassem com a música a ser gravada e que pudessem propor sonoridades para a composição dos fonogramas. Além disso, utilizamos uma gama diversificada de amplificadores valvulados de guitarra (figura 18): Mesa Boogie, Spitfire Artesanal, Akai 707, Line 6 Spider Bogner.

Algumas guitarras foram gravadas conectadas diretamente à mesa. Outras tiveram os amplificadores listados, captados por microfones B&O BM5 de fita, o que suaviza mais o registro médio da guitarra. Priorizamos as distorções de saturação de válvulas e, em algumas músicas, utilizamos pedais de distorção (Blues Driver da Boss e Fuzz Face da Dunlop), além de dispositivos de Delay e reverberações (de mola ou, ainda, *plate* analógico).

Figura 18: Amplificadores e guitarras utilizados. Fonte: Do autor.

Para as vozes, prioritariamente, utilizamos o microfone Telefunken U-47. Entretanto, em algumas músicas, outros microfones se mostraram mais adequados, como o B&O BM5 e o Sony C-37a (figura 19).

Esses microfones se mostraram mais adequados pois suas marcas sonoras proporcionaram melhor combinação com determinadas músicas, como foi o caso de "Rocambole", "The ox" e "Kem soul". Para "Rocambole", o Trio Caffeine foi gravado com apenas um microfone. O naipe de metais também foi gravado com apenas um microfone B&O BM5, que possui um padrão polar de captação do tipo mostrado na figura 8 (bidirecional). O naipe, composto por trompete, trombone e saxofones tenor e barítono, foi distribuído ao redor do microfone. Para os metais, houve dobra de gravação, isto é, cada parte foi gravada duas vezes, para dar mais peso e minimizar possíveis pequenas imperfeições na afinação e na performance. Aliás, este procedimento de dobras também foi bastante utilizado nas vozes, pelos mesmos motivos. Além do peso e diluição das imperfeições, no caso das vozes, as dobras conferem um caráter diferente à gravação, que dialoga com as referências sonoras utilizadas.

Figura 19: Alguns dos microfones utilizados. Fonte: Do autor.

Cabe aqui, portanto, uma lista das referências de sonoridade utilizadas para cada elemento em cada música:

CAPÍTULO 4

MÚSICA	REFERÊNCIAS	DIÁLOGOS COM:
Kem soul	•Bateria: Tutti-Frutti (Rita Lee), Black Sabbath; •Baixo: classic rock em geral; •Guitarras: Black Sabbath, Peter Frampton; •Vozes: classic e hard rock.	Classic Rock
The Ox	•Bateria: folk rock (Wilco); •Baixo: folk rock; •Guitarras: Wilco; •Teclado: Wilco; •Voz: Bob Dylan.	Folk Rock
Carne Fraca	•Bateria: motown (soul music); •Baixo: motown; •Guitarras: motown e The Beatles; •Vozes: The Beatles; •Arranjo de flugel e trompete: The Beatles.	Pop Rock
Trânsito	•Bateria: Pink Floyd (Dark side of the moon); •Baixo: folk rock; •Guitarras: Phish, The Grateful Dead; •Vozes: Sá, Rodrix e Guarabira.	Rock Rural e *Jam Bands*
Real One	•Bateria: Amy Winehouse e motown; •Baixo: bossa; •Guitarras: John Lennon, The Beatles, trilhas de filmes do Tarantino e rock clássico setentista; •Vozes: Phish, Rod Stewart e Crosby, Stills and Nash.	Pop Rock *vintage*
Vem pro meu lado negro, Nega!	•Bateria e percussão: funk americano e Fela Kuti; •Baixo: James Brown; •Guitarras: funk e soul americano; •Metais: Tower of Power; •Flauta: Trilha de filme Austin Powers; •Vozes: Funk americano.	Funk/soul music

CRIAÇÃO MUSICAL E PRODUÇÃO

MÚSICA	REFERÊNCIAS	DIÁLOGOS COM:
By Heart and Soul	•Bateria: motown (soul music); •Baixo: motown; •Guitarras: George Harisson e motown; •Metais: motown, Janis Joplin; •Metalofone: motown; •Vozes: Dusty Springfield e The Platters.	Soul Music
Rocambole	•Bateria: swing; •Baixo: swing; •Violões e guitarra: gypsy jazz (Django Reinhardt); •Violino: Grappelli; •Vozes: cantoras do rádio, Les Triplettes.	Gypsy jazz
Musichat	•Bateria e percussão: xote; •Baixo: berimbau, capoeira; •Guitarras: Phish, xote; •Metais: The Beatles, Morphine; •Vozes: Alceu Valença, The Beatles.	Pop Rock
Correria	•Bateria: Pink Floyd; •Baixo: The Beatles; •Guitarras: The Beatles, acid rock, Psicodelia; •Metais: The Beatles.	Rock Psicodélico
Light your fire	•Bateria: Black Sabbath; •Baixo: Black Sabbath; •Guitarras: Wolfmother e Black Sabbath; •Vozes: hard rock e Bruce Dickinson.	Hard Rock
Eu queria fazer uma música para vender, mas, PQP! Eu não consigo!	•Bateria: classic rock; •Baixo: hard rock; •Guitarras: Kiss, hard rock; •Metais: Tower of Power; •Vozes:Hard Rock gutural. •Arranjo:The Beatles.	Funk/soul music

Figura 20: Quadro de referências e diálogos com gêneros musicais.

Na etapa de pós-produção, alguns ajustes de performance podem ser consertados, bem como algumas lapidações e definições de sonoridades e de performance do fonograma em si. Na mixagem, são definidos os planos, as texturas e as espacializações dos instrumentos. Suas regulagens espectrais também podem ser melhor ajustadas, com a utilização de equalizadores, compressores, reverberações, entre outros.

Cabe aqui ressaltar um ponto específico para esta produção: apesar da ideia desse álbum vir da exploração da expressividade das sonoridades obtidas com processos de gravação analógica, a gravação como um todo não se deu de maneira 100% analógica. Após as gravações de bateria e de algumas faixas de baixo, o gravador de rolo apresentou problemas técnicos, demandando reparos, o que não é simples. É um serviço extremamente especializado e, portanto, demorado. Para não atrasar a produção, decidimos, em comum acordo entre o produtor e a banda, que a produção prosseguiria em ambiente digital, porém respeitando uma lógica processual de gravação fonográfica em fita. Isso significa trabalhar o mínimo possível com edições e correções de pós-produção e não explorar tanto os recursos digitais, para manter as tomadas de decisões, que imprimem características marcantes ao processo com um todo. Em ambiente digital, a facilidade e a enorme gama de possibilidades de tratamento sonoro acabam por permitir um grande poder de manipulação na pós-produção, o que, por sua vez, pode mudar o foco do

CRIAÇÃO MUSICAL E PRODUÇÃO

trabalho da produção musical. Em sistemas analógicos, o foco da produção situa-se mais no momento da gravação. Ressalto aqui que não há julgamento de valores: não é nem melhor e nem pior. Mas como o objetivo deste trabalho era a expressividade analógica, entendemos que isso não advém só dos dispositivos utilizados, mas também de um pensamento processual, mesmo que formado pelas limitações dos próprios dispositivos.

Como exemplo disso, as reverberações utilizadas nesse álbum não vieram de *plug-ins* ou outros *softwares*. Em alguns casos, utilizamos um *plate* analógico, construído pelo produtor, uma espécie de simulação de ambiência que vem da captação da reverberação do som em uma placa de aço esticada. Gravamos a reverberação do naipe de metais em salas amplas, em uma espécie de simulação de uma câmara de eco. A gravação do naipe foi tocada em um sistema de som *hi-fi* mono no palco de um teatro (C.A.S.A. - Centro de Arte Suspensa Armatrux) e a reverberação dela foi captada por um gravador digital em um ponto extremo da sala, ao final do teatro. Essa gravação foi então sincronizada com as outras pistas, e nos deu uma reverberação de fato, proveniente da resposta acústica do ambiente. Esse processo simula as câmaras de eco pertencentes a estúdios antigos que destinavam um cômodo para tal procedimento.

A mixagem foi delegada ao produtor Chico Neves, para que ele pudesse dar suas contribuições à concepção do trabalho, focando novamente no caráter coletivo da produção. Ela seguiu uma ideia mais extrema de panorâmicas (espacialização). Em algumas produções antigas e referências para este trabalho, era comum uma distribuição mais L-center-R (esquerda-centro-direita). Era uma concepção mais próxima do duplo mono (*dual mono*) do que do binaural. A diferença é sutil: uma utiliza as caixas estéreo como duas fontes sonoras; a outra as utiliza como uma mediação entre ambientes, produzindo uma imagem sonora diferente, mais naturalista em relação a um ambiente gravado. Assim, por uma concepção mais extrema de LR, algumas músicas tiveram suas possibilidades expressivas expandidas. Como exemplo, podemos citar a música "The ox", em que um dos lados do panorama estéreo tem uma versão mais folk da música – apenas violão, percussão, baixo e voz (mais próximo de Dylan). No outro lado, uma versão mais banda – com bateria, baixo, guitarras e teclado. Há, portanto, três propostas de escuta: uma proposta folk, outra rock, e outra que é uma interseção entre ambas. Optamos por esse caminho porque havia uma indefinição quanto ao caráter mais adequando à gravação da música. Esta proposta de resolução pela mixagem amalgamou à produção a sua proposta artística.

A mixagem foi terminada em fita magnética de rolo, de ¼ de polegada. Esta fita matriz foi levada para a masterização, que é o processo de finalização dos fonogramas, dando saída para vários formatos e mídias: vinil, arquivo digital MP3 e arquivo digital para CD. Há taxas de compressão diferentes, bem como equalizações diferentes para cada mídia. Nessa etapa é montada a ordem das músicas, bem como os espaços entre elas. Ou seja:

CRIAÇÃO MUSICAL E PRODUÇÃO

é configurada uma proposta de execução para o trabalho como um todo. Também são inseridos os ISRCs, que são os códigos de identificação dos fonogramas, previamente fornecidos pelo produtor fonográfico. Nesta etapa, ficou definido que o vinil – até mesmo por proporcionar maior qualidade sonora como mídia – contaria com apenas dez das 12 músicas trabalhadas. As duas faltantes entrariam somente no CD, como faixas-bônus. Isso porque as duas ("Light your fire" e "Eu queria fazer uma música para vender, mas, PQP! Eu não consigo") resultaram em sonoridades mais distintas em relação às demais, destacando-se um pouco do restante do álbum. Para marcar bem essa ideia no CD, uma faixa de "silêncio analógico" foi inserida entre as músicas do restante do álbum e estas duas, uma faixa contendo apenas ruídos de vinil (chiados diversos).

Com este pensamento descrito sobre o processo como um todo, é interessante notar como ocorrem as influências dos atores e dos dispositivos na elaboração da sonoridade, e como isso exemplifica bem o conceito trabalhado ao longo deste livro. Basta comparar as gravações da pré-produção com a produção finalizada para ter uma ideia de onde partimos e onde chegamos em termos de sonoridade resultante. Notamos claramente o dedo do produtor, principalmente em músicas que mudaram completamente a sua marca. Como exemplo, podemos fazer uma comparação a partir da tabela mostrada anteriormente:

MÚSICA	REFERÊNCIAS QUE CONSTRUÍRAM A GRAVAÇÃO FINALIZADA	COMO ERA NA PRÉ-PRODUÇÃO
Kem soul	•Bateria: Tutti-Frutti (Rita Lee), Black Sabbath; •Baixo: classic rock em geral; •Guitarras: Black Sabbath, Peter Frampton; •Vozes: classic e hard rock.	•Bateria: pesada, mais reverberação; •Baixo: mais distorcido; •Guitarra: metal moderno; •Vozes: Tim Maia Racional.
The Ox	•Bateria: folk rock (Wilco); •Baixo: folk rock; •Guitarras: Wilco; •Teclado: Wilco; •Voz: Bob Dylan.	•Bateria: folk rock (Wilco); •Baixo: mais pesado; •Guitarras: Wilco; •Teclado: Wilco; •Voz: Bob Dylan.
Carne Fraca	•Bateria: motown (soul music); •Baixo: motown; •Guitarras: motown e The Beatles; •Vozes: The Beatles; •Arranjo de flugel e trompete: The Beatles.	•Bateria: pop rock; •Baixo: pop rock; •Guitarras: classic rock, com solos; •Vozes: mais presentes e especializadas; •Geral: mais brilho e reverberação.
Trânsito	•Bateria: Pink Floyd (Dark side of the moon); •Baixo: folk rock; •Guitarras: Phish, The Grateful Dead; •Vozes: Sá, Rodrix e Guarabira.	•Bateria: mais clara e mais reverberada; •Baixo: classic rock; •Guitarras: mais limpas e country; •Vozes: Sá, Rodrix e Guarabira.
Real One	•Bateria: Amy Winehouse e motown; •Baixo: bossa; •Guitarras: John Lennon, The Beatles, trilhas de filmes do Tarantino e rock clássico setentista; •Vozes: Phish, Rod Stewart e Crosby, Stills and Nash.	•Bateria: pop rock, jam band; •Baixo: Phish; •Guitarras: Phish; •Vozes: Phish, e Crosby, Stills and Nash.
Vem pro meu lado negro, Nega!	•Bateria e percussão: funk americano e Fela Kuti; •Baixo: James Brown; •Guitarras: funk e soul americanos; •Metais: Tower of Power; •Flauta: Trilha de filme Austin Powers; •Vozes: Funk americano.	•Bateria e percussão: funk americano; •Baixo: James Brown; •Guitarras: funk e soul americano; •Metais: Soul; •Teclado: funky jazz; •Vozes: funk americano.

CRIAÇÃO MUSICAL E PRODUÇÃO

MÚSICA	REFERÊNCIAS QUE CONSTRUÍRAM A GRAVAÇÃO FINALIZADA	COMO ERA NA PRÉ-PRODUÇÃO
By Heart and Soul	•Bateria: motown (soul music); •Baixo: motown; •Guitarras: George Harisson e motown; •Metais: motown, Janis Joplin; •Metalofone: motown; •Vozes: Dusty Springfield e The Platters.	•Bateria: motown (soul music); •Baixo: rock; •Guitarras: George Harisson, Janis Joplin; •Metais: big band; •Teclados: motown; •Vozes: Joe Cocker
Rocambole	•Bateria: swing; •Baixo: swing; •Violões e guitarra: gypsy jazz (Django Reinhardt); •Violino: Grappelli; •Vozes: cantoras do rádio, Les Triplettes.	•Bateria: swing; •Baixo: swing; •Violões e Guitarra: gypsy jazz (Django Reinhardt); •Metais: Big Band; •Vozes: cantoras do rádio, Les Triplettes.
Musichat	•Bateria e percussão: xote; •Baixo: berimbau, capoeira; •Guitarras: Phish, xote; •Metais: The Beatles, Morphine; •Vozes: Alceu Valença, The Beatles.	•Bateria e percussão: xote; •Baixo: rock; •Guitarras: Phish, xote; •Metais: The Beatles; •Vozes: Alceu Valença, Sá, Rodrix e Guarabyra.
Correria	•Bateria: Pink Floyd; •Baixo: The Beatles; •Guitarras: The Beatles, acid rock, Psicodelia; •Metais: The Beatles.	•Bateria: Pink Floyd; •Baixo: rock; •Guitarras: The Beatles, acid rock, psicodelia; •Metais: The Beatles.
Light your fire	•Bateria: Black Sabbath; •Baixo: Black Sabbath; •Guitarras: Wolfmother e Black Sabbath; •Vozes: hard rock e Bruce Dickinson.	•Bateria: Wolfmother; •Baixo: pesado, Foo Fighters; •Guitarras: Wolfmother; •Vozes: Bruce Dickinson.
Eu queria fazer uma música para vender, mas, PQP! Eu não consigo!	•Bateria: classic rock; •Baixo: hard rock; •Guitarras: Kiss, hard rock; •Metais: Tower of Power; •Vozes: Hard Rock gutural. •Arranjo: The Beatles.	•Bateria: metal; •Baixo: metal; •Guitarras: heavy metal; •Vozes: hard rock gutural; •Arranjo: The Beatles.

Figura 21: Quadro de comparação entre sonoridades da pré-produção e da produção finalizada.

Como resultante, temos um álbum de temática recente nas letras, com sonoridade analógica, sessentista e setentista, que mantém um senso de unidade e configura uma proposta artística que dialoga com o mercado do rock, pois propõe experiências estéticas com base em memórias afetivas despertadas por sonoridades aparentadas com as referências mais fundamentais desse gênero. A resultante se apresenta como única, autêntica, baseada na articulação de sonoridades obtidas a partir de diversas referências. E essa articulação propõe uma marca estética distinta para a banda.

CRIAÇÃO MUSICAL E PRODUÇÃO

Notas do capítulo 4

1. CASTRO, 2009.
2. A palavra poética tem aqui seu significado amparado no sentido da palavra grega poiesys. Ou seja, a poética como ato de criação. Já a palavra transposição tem o sentido de passar para outro domínio ou forma de linguagem. Juntando esses sentidos e, ainda, colocando o termo no contexto deste livro, temos transposição poética como sendo o processo de mudanças, adaptações, evoluções e transposições de processos criativos, dos parâmetros composicionais, de materiais e ferramentas de procedimentos oriundos de formas e domínios distintos de arte ou, de maneira mais expandida, de campos de conhecimento.
3. TAGG, 1999, p. 32.
4. Ethos, em música, se refere aos influxos propiciados pela música no caráter e estados de espírito do homem. Em uma transposição mais pragmática para os dias de hoje, utilizo o termo ethos para me referir ao que a música pode induzir nos comportamentos humanos: ação (dança), êxtase, ânimo, delírio, serenidade etc.
5. Os fonogramas estão disponíveis para audição gratuita via streaming, pelo site <http://www.myspace.com/gastrophonic>, e foram organizados pela ordem a seguir: 1) Noir; 2) Insensatez; 3) Átomo; 4) Tristão blues; 5) Palavra; 6) Consciência cósmica; 7) Infinitivo Tempo; 8) Sobre o futuro; 9) Machado; 10) Versos no chão.
6. "Na terminologia dos músicos populares, a levada é uma célula rítmica, ou rítmico-harmônica, que caracteriza determinados acompanhamentos da melodia principal, constituindo fator básico de identificação dos

gêneros musicais" (TRAVASSOS, 2005, p. 18).

7. Ducking é uma técnica de compressão e controle de sinais de áudio. Como aponta Dan Connor, "em alguns casos, é importante que tanto o baixo quanto o bumbo soem 'gordos', 'pesados', mas não ao mesmo tempo. Nesse caso, podemos aplicar um compressor ou um gate ao baixo, com o acionamento controlado por um sinal em paralelo vindo do bumbo, conhecido como sidechain. Dessa forma, quando o bumbo ataca, a intensidade do baixo será momentaneamente reduzida para dar lugar ao corpo sonoro do bumbo. Também conhecida como ducking, esta técnica é inestimável para o hip-hop e a música dançante com fortes timbres sintetizados e percussões eletrônicas." (CONNOR, 2008. Disponível em: http://thestereobus.com/2008/01/09/thump-and-bump-balancing-the-kick-and-the-bass/. Tradução livre.)

8. Allure é, como alerta Carlos Palombini, um termo provavelmente intraduzível para o português (1999). Talvez sua acepção mais aproximada se refira ao comportamento espectro-morfológico dinâmico de um som durante sua execução. É uma espécie de "andadura" do timbre.

9. Binaural se refere a processos de mixagem e especialização sonora pensada para reprodução fonográfica por fones de ouvido.

10. Tal comportamento pode ser explicado por questões psicoacústicas, como a banda crítica, por exemplo.

11. CASTRO, 2008.

12. As gravações das pré-produções estão disponíveis em: <http://soundcloud.com/somba-guilherme/sets/ben-tom-e-a-madrasta>.

SONORIDADE: CONCEITO E CONSTRUÇÃO

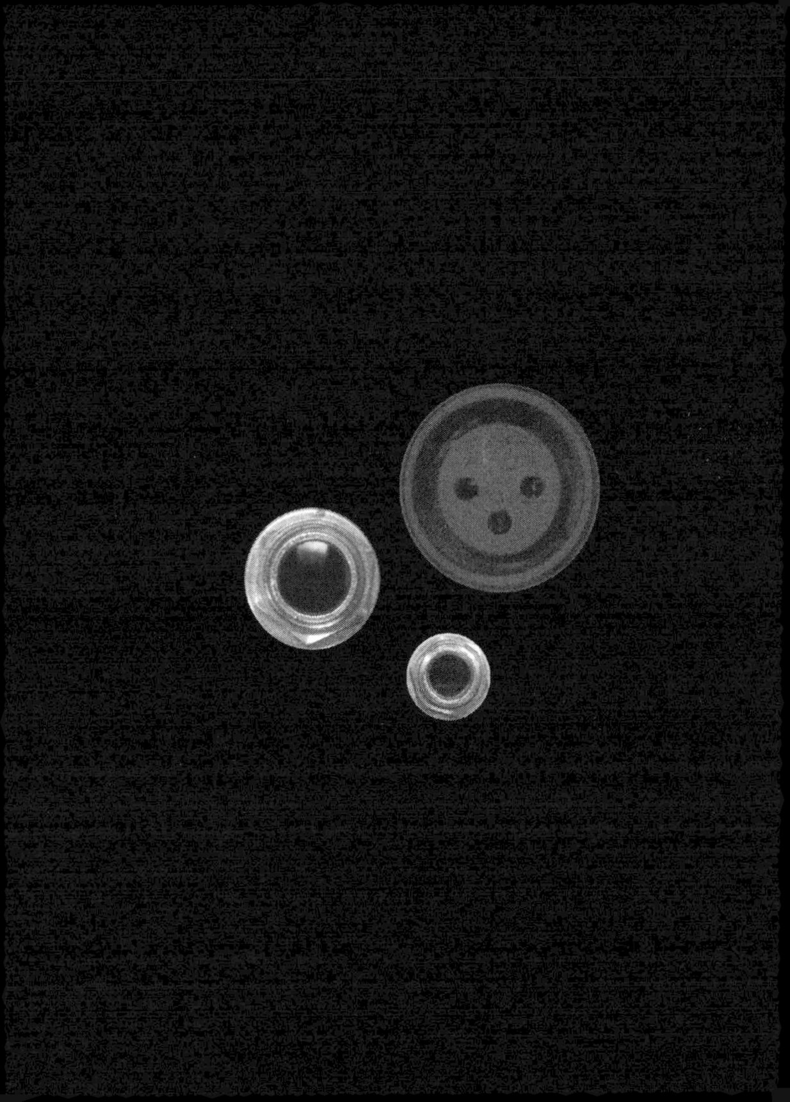

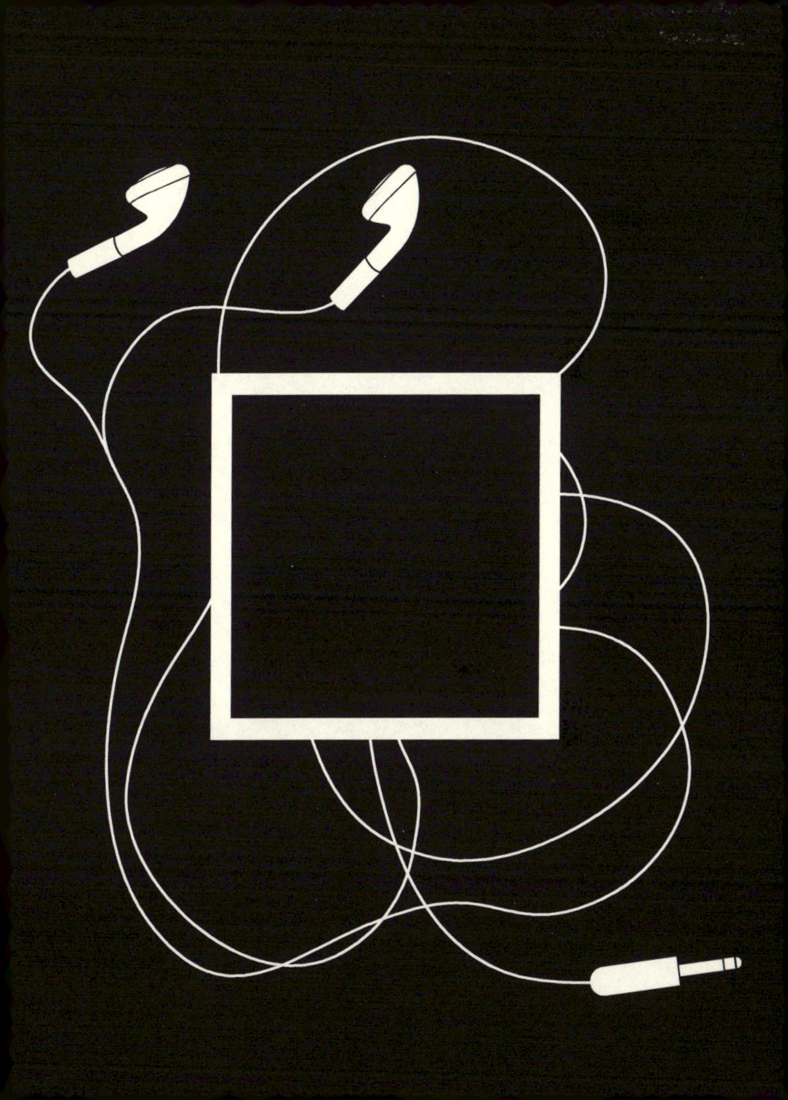

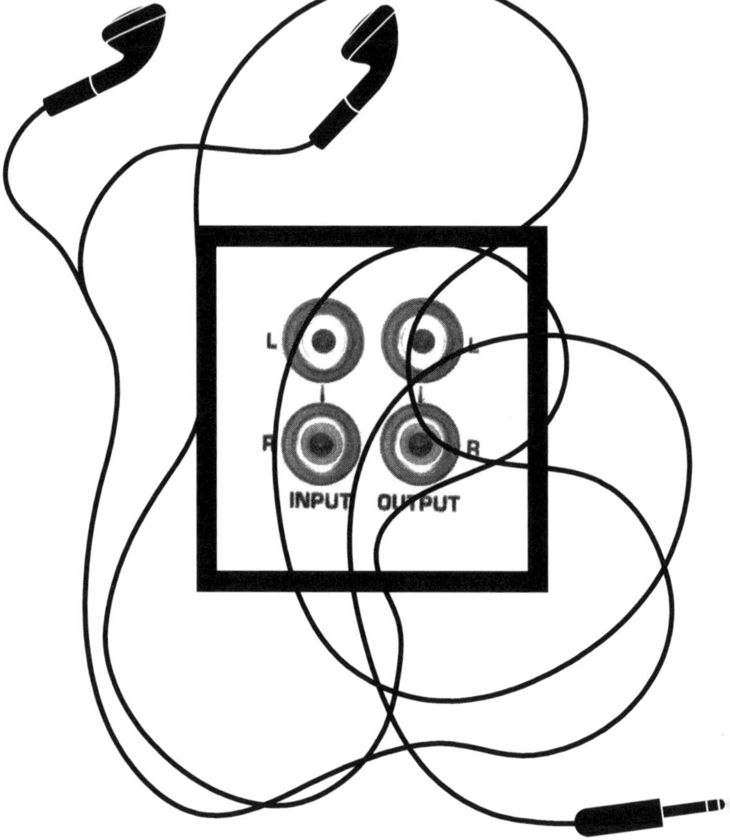
L
L
R
R
INPUT
OUTPUT

5

CONSIDERAÇÕES FINAIS

Cabe fazer uma síntese de todas as ideias expostas até aqui, articulando-as de maneira mais direta: sonoridade, ou as qualidades do som e daquilo que é sonoro, é uma ideia que, tal como propus neste livro, norteia boa parte do processo musical. Foram as qualidades de um som, como quer que isso seja entendido, que nos permitiram, em um primeiro momento, segregar e moldar o que podemos tomar como sons musicais, com base em todo um universo sonoro presente em nosso ambiente. Na busca por esses sons musicais, desenvolveram-se instrumentos de toda ordem, bem como toda uma sorte de recursos performáticos, representativos e manipulativos dos sons e suas componentes. Instituíram-se ritos, formas de percepção diferenciada, significados culturais distintos e uma troca de sensações, propiciada pela experiência de algo simbólico que, embora não seja verbal, ainda comunica em termos de intenção e cognição. Comunica porque torna algo comum, seja uma ação, uma sensação ou a expressão de sentimentos, afetos e pensamentos.

Assim, quando criamos a prática fonográfica, desenvolvemos uma sensibilidade maior para a materialidade do som, o que institui uma prática de articulação de sonoridades por experimentação direta com o som. A produção musical, agora tomada em sentido mais genérico, passou, então, por inúmeras transformações ao longo desse processo de experimentação. No entanto, há questões universais no que diz respeito à sua ocorrência: sempre se tratou de moldar sons baseados em instrumentos musicais, conforme técnicas apropriadas para cada instrumento e/ou situação e, a partir daí, tentar determinar a melhor maneira de experiência e uso para os sons feitos dessa forma.

Os sons organizados musicalmente, ou seja, postos em jogo em algum contexto musical culturalmente definido, instituíram diferentes práticas e delimitaram diferentes territórios de atuação. Na interação com o desenvolvimento das sociedades humanas, expressaram seus valores e suas potências. Ao mesmo tempo, propuseram entendimentos para os sentimentos e pensamentos humanos por outras formas de compreensão de suas sensações. As sociedades investiram

CONSIDERAÇÕES FINAIS

poderes, políticas, valores sociais e econômicos nos sons. Portanto, quanto mais a sociedade foi se tornando complexa, mais complexo foi se tornando o ato de produzir música.

Mais complexo, também, foi se tornando o ato de valorizar e reconhecer os valores da música, o que implica, dentre outras coisas, reconhecer as formas de atuação de seus agentes e a construção de tais valores. Isso fica nítido no caso da música popular, sobretudo no Brasil, onde seu reconhecimento e inserção como campo de estudo nos centros acadêmicos de música só se deu mais recentemente, de trinta anos para cá. Tem havido poucos estudos sobre a produção musical da canção popular fonográfica, um dos objetos mais consumidos e valorizados economicamente da área musical nos últimos cem anos. É por isso que venho, com este livro, jogar um pouco de luz sobre seu processo criativo, sua construção processual e sobre o que é levado em conta em sua realização fonográfica. Vale lembrar que o exposto só se aplica a esse objeto específico: a canção popular fonográfica, uma forma gravada de um tipo específico de articulação entre texto e música, que nasce de um contexto de produção e consumo de bens culturais. É um processo de difícil descrição, pois esse objeto é múltiplo, oriundo de várias formas e processos de produção. Mostrei aqui apenas duas formas de trabalhar esse objeto: uma mais individual, onde o compositor/autor/produtor atua de maneira solitária, tendo o controle de quase todos os processos e gerando signos e significados com base em uma visão única, como no caso do trabalho *Gastrophonic*; e outra mais coletiva, onde a articulação entre músicos, produtores musical e fonográfico e técnicos de mixagem e de masterização proporcionou a construção de um trabalho multifacetado, que criou signos e significados que expressam uma visão coletiva de uma identidade artística e sua inserção na cadeia produtiva da música.

No trabalho individual, aparecem mais as questões criativas, técnicas e poéticas, pensadas pelo "comprodutor" (compositor/produtor). Nessa produção, as ferramentas são utilizadas com o intuito de expressar unicamente suas visões e ideias. Se uma decisão técnica ou estética é tomada, ela reflete apenas os conceitos dele sobre a adequação das sonoridades ao trabalho e sua forma de pensar as articulações sígnicas e as relações sistêmicas da canção. Ainda assim, não deixa de ser uma forma válida ou importante de produção musical. É apenas uma forma mais comprometida com uma única visão artística, expressão de um único pensamento estético.

No trabalho coletivo, todas essas questões e conceitos aparecem sob a forma mediada: em todas as etapas houve negociação de sentidos, ideias, expectativas e resultados. Mesmo em casos de poucos atores no processo, como naquele relatado pelo produtor John Ulhôa, que ocorreu em parceria com a cantora e compositora Érika Machado, há o processo de negociação estética e de pensamento construído de maneira não individual. Num projeto coletivo, a criação fonográfica

CONSIDERAÇÕES FINAIS

pode ganhar força social em termos sígnicos, pois reflete uma ideia desenvolvida e negociada coletivamente. E, em trabalhos coletivos, a figura que serve como norte e que guia o processo de confecção do fonograma é fundamental, não apenas pelo papel criativo, mas também porque direciona expectativas e articula interesses para que se tornem uma força maior do que a proporcionada pelo individual ou pela simples soma das partes. Essa figura é o produtor musical.

O produtor musical faz a articulação de interesses e de expectativas, negociando gostos, referências, técnicas, e tudo mais o que for pertinente à construção de sonoridades. Nesse sentido, o papel de Anderson Guerra na confecção do trabalho fonográfico *Homônimo*, do SOMBA, foi tomado como fundamental para o sucesso dessa empreitada, segundo os membros da banda. Não me refiro a sucesso comercial, mas sim ao equilíbrio entre a potência das músicas, seu discurso como coletânea, a direção musical e execução técnica da fonografia, as expectativas e os valores de cada um. Enfim, um equilíbrio na condução do processo como um todo. As sonoridades obtidas para cada instrumento e para cada faixa refletem a adequação e o grau de acerto das decisões tomadas. O norte dado pela finalidade do álbum (ser um LP de vinil) também ajudou a conceituar o próprio trabalho, que só teve seu nome definido após constatarmos seu resultado: dois lados bem diferentes, mas ainda assim executados pela mesma banda. É como se cada lado (lado A: músicas um a cinco do CD; lado B: músicas seis a dez do CD) fosse tocado por bandas diferentes, porém com o mesmo nome. Daí vem o nome *Homônimo*, que também ajudou a dar um senso de unidade a esse trabalho essencialmente diverso. Mas o que mais ajudou nesse quesito foi o senso de unidade criado pela metodologia de execução do processo de gravação fonográfica, conduzida pelo produtor musical.

Vale reforçar que os exemplos relatados aqui não devem ser entendidos como os únicos meios de trabalho em produção musical e, muito menos, como as formas mais acertadas para tais processos em trabalhos individuais e coletivos. São apenas dois exemplos pontuais, dos quais tive oportunidade de participar ativamente, o que me proporcionou a oportunidade de escrever relatos mais ricos e embasados, que puderam ser confrontados com as ideias e conceitos pesquisados nas referências utilizadas aqui. Este trabalho de articulação entre os textos lidos e a prática foi, com certeza, o mais complexo e desafiador de que já tive a oportunidade de participar, mas talvez por isso mesmo, um dos mais ricos em aprendizado. Principalmente no caso do trabalho *Homônimo*. A experiência com um processo analógico de gravação me fez lembrar que, em tais situações, há um compromisso maior com a noção de musicalidade artesanal, onde se tolera o erro charmoso e as desafinações expressivas, ou seja, onde se lida com a imprecisão e as limitações humanas de maneira mais tolerante e vinculada a certa noção de musicalidade.

CONSIDERAÇÕES FINAIS

Bem diferente do excesso de correção das imperfeições que ocorre em grande parte das produções contemporâneas digitais, em que a grande gama de recursos possibilita um poder de edição quase ilimitado. É como se uma diferença sutil de foco (de "qual *take* ficou mais musical?", para "qual erro devo corrigir?") deixasse o processo de gravação e edição mais expressivo. É claro que um processo mais artesanal pode (e talvez deva) ser utilizado em ambiente digital. Mas, muitas vezes, o excesso de possibilidades desvia o foco, podendo tornar o resultado muito asséptico artisticamente, ou, ainda, fazendo-o soar muito artificial e demasiadamente produzido – *over*, na linguagem atual.

A prática fonográfica analógica requer outro tipo de envolvimento com o material a ser gravado: o tempo dos processos e da busca de sonoridades a serem capturadas e/ou produzidas é outro, bem diferente do digital. Não há *presets* que nos dão um ponto de partida e um norte para começar uma busca sonora por processamento. A escolha de microfones, o posicionamento deles, a escolha dos processadores de áudio (equalizadores, compressores etc.), do ajuste do gravador... tudo é feito de maneira mais experimental e, portanto, morosa, até mesmo pela própria natureza de conexão dos dispositivos e do processo em si. Enquanto no processo analógico há uma intrincada conexão de cabos via *patch-bay*, em ambiente digital ocorre, no máximo, uma composição de plug-ins, de acionamento ágil e fácil dentro de uma plataforma DAW. Porém, mais do que a logística e operação técnica da gravação, foram as questões sônicas que se mostraram como fatores absolutamente indispensáveis para a estética do álbum *Homônimo*.

Os dispositivos analógicos imprimem uma marca sonora mais evidente em seu uso. Suas características sônicas e suas limitações são responsáveis, também, por constituir uma sonoridade largamente vivenciada ao longo do século XX, o que por si só moldou o gosto pelas sensações despertadas na fruição dessas gravações. E moldou, principalmente, as noções de bom som e boa gravação. Mas, ao contrário do que pode parecer, a escolha por um processo analógico de gravação se deve muito mais ao fator sônico do que a questões de nostalgia ou modismo. Samantha Bennett nos mostra isso em seu artigo "Endless analogue: situating vintage technologies in the contemporary recording & production workplace":

> Até agora, há muito pouca evidência de que produtores e profissionais que utilizam tecnologias 'vintage' o fazem devido à moda, tendências, nostalgia ou sentimentalismo. Enquanto um certo romantismo é algo reconhecido como parte do que um músico ou um cliente pode perceber ao interagir com sistemas antigos, isso não é evidente por parte dos profissionais de gravação. Com efeito, a atribuição do uso de tal tecnologia à nostalgia por si só é profundamente falho e ignora fatores mais importantes, como

CONSIDERAÇÕES FINAIS

> a intenção estética da música e da gravação por parte dos músicos e produtores, as características sonoras das tecnologias escolhidas, as expectativas do cliente, bem como o tempo e as restrições orçamentárias. Além disso, tecnologias 'vintage', tais como as mesas, processadores e gravadores feitos pré-1980 são sinônimo de qualidade, engenharia precisa, características sonoras e valor duradouro. Elas, como os sistemas da década de 1980, estão associadas à 'Era Dourada' dos grandes consoles e à produção e gravação multipista do pop e rock anglo-americano. Profissionais que trabalham majoritária ou totalmente no domínio analógico e/ou com tecnologias 'vintage' o fazem por várias razões: características sonoras de alta qualidade são um argumento recorrente. Além disso, o raciocínio é em relação ao processo: menos faixas cria limitações, o que demanda performances 'inteiras' dos músicos. Certas tecnologias tornaram-se icônicas e, como resultado, a sua propriedade pode atrair clientes.[1]

E conclui:

> Mas há algo mais acontecendo: no cenário atual dominado por DAWs, desde as práticas de mixagem *in the box* no *laptop* até os estúdios profissionais de grande escala, a propriedade de tecnologias

'vintage' distingue os praticantes e separa-os de seus pares baseados em DAWs. Em última análise, esses anacronismos tecnológicos funcionam como importantes diferenciais sônicos em uma indústria dominada por tecnologias padronizadas, baseadas em computador.[2]

Podemos constatar que essa questão sonora é forte devido à presença, cada vez maior, de *plug-ins* baseados em emulações de dispositivos *vintage*, como emuladores de gravadores de rolo, de compressores valvulados, de equalizadores clássicos, e até de microfones antigos. É uma tentativa de permitir a recriação de certas características sonoras associadas a esses dispositivos, porém em ambiente digital. Teríamos então o melhor das duas possibilidades: a praticidade, portabilidade e agilidade do ambiente digital junto às características sônicas e técnicas dos dispositivos antigos. De fato, após essa experiência analógica, pude notar em mim uma mudança de sensibilidade em relação ao som: houve uma melhoria na identificação de certas qualidades sônicas e no reconhecimento de certas marcas sonoras deixadas por equipamentos e processos. Isso permitiu uma investigação de novas abordagens para o processo de gravação digital, apesar do processo de gravação em si ser determinado mais pelas necessidades e objetivos específicos de cada trabalho. Como já apontei anteriormente, não há fórmula para o trabalho de produção musical, mas sim um repertório de processos e formas de trabalho, construído a partir de uma experiência cada vez maior com esse *métier*.

Bem, após essas experiências distintas de produção musical, posso dizer com mais propriedade que, em ambos os casos, há questões a serem levadas em consideração: a agilidade e o poder de luteria sonora que há no ambiente digital são aspectos relevantes, bem como certas características sonoras que são obtidas com uma gravação digital e que podem ser desejáveis em certos contextos, como na gravação de música de concerto (pela clareza e fidelidade) ou, ainda, na música eletrônica dançante (pelas possibilidades dadas por processamentos). No entanto, há outros contextos e territórios sonoros que se realizam mais plenamente quando há a utilização de sonoridades provenientes de outras formas de produção musical. Para um contexto pop/rock, com certeza isso é relevante. O artesanato sonoro permite maior agregação de valores estéticos, transformando a fonografia em arte, ainda que as intenções econômicas e funcionais estejam bastante presentes e no cerne de sua realização.

São as sutilezas de sonoridades que transformam a prática fonográfica em algo bastante rico em termos de aprendizado musical. Quando o músico se escuta em "terceira pessoa", ele coloca um rigor crítico maior na avaliação de sua própria performance, o que o leva a analisar eventuais falhas de execução e interpretação. Essa análise rigorosa é potencializada quando há outra figura presente para ajudar a identificar onde os erros e falhas podem ser desejáveis. E é por isso que a prática fonográfica é um dos momentos mais interessantes da prática musical contemporânea. É um momento de articulação efetiva entre prática instrumental, reflexão estética, entendimento técnico, articulação entre ideologias, políticas, expectativas e sensações. É um dos momentos onde a realização sonora reflete mais o caráter interdisciplinar, a natureza sistêmica e a totalidade social do fato musical e, justamente por isso, deveria ser objeto de mais estudos dessa ordem aqui no Brasil, como já acontece em centros acadêmicos de outros países.

Notas do capítulo 5

1. BENNETT, 2012.
2. BENNETT, 2012.

CONSIDERAÇÕES FINAIS

REFERÊNCIAS

ANDRADE, Paulo Estevão. Uma abordagem evolucionária e neurocientífica da música. *Neurociências*, v. 1, n. 1, p. 21-33, 2004. Disponível em: <http://www.katiachedid.com.br/files/noticias/4fdab6aab5813ffc-49c7139840b20359.pdf>. Acesso em: 1 ago. 2004.

APEL, Willi. *Harvard dictionary of music*. 2. ed. Cambridge: Harvard University Press, 1974.

ATTALI, Jacques. *Noise:* the political economy of music. 10. ed. Minnesota: Universidade de Minnesota, 1985.

BEAMENT, James. *How we hear music:* the relationship between music and the hearing mechanism. Woodbridge: The Boydell Press, 2005.

BENNET, Samantha. Endless analogue: situating vintage technologies in the contemporary recording & production workplace. *JARP*, v. 7, n. 7, 2012. Disponível em: <http://arpjournal.com/endless-analogue-situating-vintage-technologies-in-the-contemporary-recording-production-workplace/>. Acesso em: 1 ago. 2014.

BUNGE, Mario. *Treatise on basic philosophy, volume 4, ontology II*: a world of systems. Dordrecht: Reidel, 1979.

BURGUESS, Richard James. *The art of music production*. Londres: Omnibus Press, 2002.

BUTLER, Jan. The beach boys' pet sounds and the musicology of record production. In: FRITH, Simon; ZAGORSKY-THOMAS, Simon (Org.). *The art of recording production:* an introductory reader for a new academic field. Farnham: Ashgate Publishing, 2012. p. 223-233.

CARVALHO, José Jorge de; SEGATO, Rita Laura. Sistemas abertos e territórios fechados: para uma nova compreensão das interfaces entre música e identidades sociais. *Série Antropologia*, v. 164, p. 1-11, 1994. Disponível em: <http://www.unb.br/ics/dan/Serie164empdf. pdf>. Acesso em: 6 fev. 2014.

CASTRO, Guilherme AS. *Gastrophonic*. [S.l.: s.n.], 2009. Fonogramas para Audição via Streaming. [acesso 190 outubro 2010]. Disponível em: <http://www.myspace.com/gastrophonic>.

_____. As "sonoridades" da guitarra elétrica: discussão de conceitos e aplicações. In *Encontro de Música e Mídia: Música De/Para*; 2010; São Paulo. São Paulo: USP, 2010. CD-ROM.

_____. *Cybergarrafa*. [S.l.: s.n.], 2010. [acesso 10 outubro 2010]. Disponível em: <http://cybergarrafa.blogspot.com>.

_____. *Cyberock:* o estúdio como instrumento musical na performance ao vivo da banda SOMBA. Belo Horizonte: Universidade Federal de Minas Gerais, 2008. Dissertação de Mestrado em Música. [acesso 01 agosto 2014]. Disponível em: <http://www.somba.com.br/cyberock.pdf>.

CASTRO, Guilherme Augusto Soares de. O conceito expandido da sonoridade como ferramenta para entender o processo de criação musical em estúdio. In: *Encontro de Pesquisadores em Comunicação e Música Popular*; 2012; São Paulo. São Paulo: USP, 2012.

CHANAN, Michael. *Musica practica:* the social practice of western music from gregorian chant to postmodernism. Londres: Verso, 1994.
_____. *Repeated takes:* a short history of recording and ist effects on music. Londres: Verso, 1995.

CLARKE, Eric F. *Ways of listening:* an ecological approach to the perception of musical meaning. Nova York: Oxford Univesity Press, 2005.

CONNEL, John; GIBSON, Chris. *Soundtracks:* popular music, identity and place. Nova York: Routledge, 2001.

CONNOR, Dan. *Thump and bump: balancing the kick and the bass*, 2008. Disponível em: <http://thestereobus.com/2008/01/09/thump-and-bump-balancing-the-kick-and-the-bass/>. Acesso em: 13 out. 2010.

DELALANDE, François. De uma tecnologia a outra: cinco aspectos de uma mutação e suas conseqüências estéticas, sociais e pedagógicas. In:

VALENTE, Heloísa de Araújo Duarte (Org.). *Música e mídia:* novas abordagens sobre a canção. São Paulo: Via Lettera/FAPESP, 2007. p. 51-60.

DICKSON, Stewart. *Multidimentional space*, 2013. Disponível em: <http://blindmen6.tumblr.com/post/54756229769/multidimensional-space>, Acesso em: 1 dez. 2015. (Imagem)

EVEREST, F. Alton; POHLMANN, Ken C. *Master handbook of acoustics*. 5. ed. Nova York: McGraw Hill, 2001.

FEICHAS, Heloísa. Música popular na educação musical. In: ENCONTRO REGIONAL CENTRO-OESTE DA ABEM, 8., 2008, Brasília. Disponível em: <http://www.jacksonsavitraz.com.br/abemco.ida.unb.br/admin/uploads/pdf/ palestra_heloisa_feichas.pdf>. Acesso em: 26 maio 2011.

FISCHER, Steven Roger. *Uma breve história da linguagem:* introdução à origem das línguas. Trad. Flávia Coimbra. São Paulo: Novo Século, 2009.
FRITH, Simon. *Performing rites:* on the value of popular music. Cambridge: Harvard University Press,1996.

_____. Música popular 1950-1980. In: MARTIN, George. *Fazendo música:* o guia para compor, tocar e gravar. Brasília: Editora UnB, 2002. p.

GUIGUE, Didier. *Estética da sonoridade*. São Paulo: Perspectiva, 2011.

HEPWORTH-SAWYER, Russ; GOLDING, Craig. *What is music production?... a producer's guide:* the role, the people, the process. Oxford: Focal Press, 2011.

HORNING, Susan Schmidt. The sounds of space: studio as instrument in the era of high fidelity. In: FRITH, Simon; ZAGORSKY-THOMAS, Simon (Org.). *The art of recording production:* an introductory reader for a new academic field. Farnham: Ashgate Publishing, 2012. p. 29–42.

HUGILL, Andrew. *The digital musician.* Londres: Routledge, 2008.

IASBECK, Luiz Carlos Assis. *Administração da identidade:* um estudo semiótico da comunicação e da cultura nas organizações. 1997. 342 f. Tese (Doutorado em Comunicação) - Pontifícia Universidade Católica de São Paulo, São Paulo, 1997.

IAZZETTA, Fernando. *Música e mediação tecnológica.* São Paulo: Perspectiva, 2009.

_____. *Sons de silício:* corpos e máquinas fazendo música. 1996. 228 f. Tese (Doutorado em Comunicação e Semiótica) - Pontifícia Universidade Católica de São Paulo, 1996.

_____. Um novo músico chamado "usuário". In: SIMPÓSIO BRASILEIRO DE COMPUTAÇÃO E MÚSICA,1994, Caxambú. São Paulo: Fapesp; Belo Horizonte: Fapemig, 1994.

JARRET, Michael. The self-effacing producer: absence summons presence. In: FRITH, Simon; ZAGORSKY-THOMAS, Simon (Org.). *The art of recording production:* an introductory reader for a new academic field. Farnham: Ashgate Publishing, 2012. p. 129–148.

KOTLER, Philip. *Administração de marketing*. 10. ed. São Paulo: Prentice Hall, 2000.

LIEBER, Renato R. *Teoria de sistemas*. Guaratinguetá: [s.n.], [20--]. Disponível em: <http://www.abdl.org.br/article/view/171>. Acesso em: 1 abr. 2012.

LINE 6. *Variax*, 2010. Disponível em: <http://www.line6.com>. Acesso em: 15 nov. 2010.

MACHADO, Érika. Tédio. In: NO CIMENTO. Belo Horizonte, 2006. CD. Disponível em: <http://www.erikamachado.com.br/ #!musica/cz4j>. Acesso em: 27 set. 2013.

MARTIN, George. *Fazendo música:* o guia para compor, tocar e gravar. Brasília: Editora da UnB, 2002.

McINTYRE, Phillip. Rethinking creativity: record production and the systems model. In: FRITH, Simon; ZAGORSKY-THOMAS, Simon (Org.). *The art of recording production:* an introductory reader for a new academic field. Farnham: Ashgate Publishing, 2012. p. 149–161.

MISA DIGITAL PTY LTDA. *About MISA digital*, 2010. Disponível em: <http://www.misadigital.com/flash/>. Acesso em: 28 maio 2010.

MOLINO, Jean et al. Facto musical e semiologia da música. In: NATTIEZ, Jean-Jacques (Org.). *Semiologia da música*. Trad. M. V. de Carvalho. Lisboa: Vega, [20--].

MOOREFIELD, Virgil. *The producer as composer*: shaping the sounds of popular music. Cambridge: MIT Press, 2005. E-book.

MORTMER, Lucas. *Facebook*, 2013. Disponível em: <www.facebook.com/mortimer.lucas/posts/757849717576975>. Acesso em: 19 abr. 2014.

MUSZKAT, M., CORREIA, CMF. e CAMPOS, SM. Música e neurociências. *Neurociências*, v. 3, n. 2, p. 70-75, 2000. Disponível em: <https://www.unifesp.br/dneuro/neurociencias/ Neurociencias% 2008-2.pdf>. Acesso em: 1 ago. 2012.

OBICI, Giuliano. *Condição da escuta*: mídias e territórios sonoros. 2006. 162 f. Dissertação (Mestrado em Comunicação e Semiótica) - Pontifícia Universidade Católica de São Paulo, São Paulo, 2006.

ORLANDI, Eni. *A linguagem e seu funcionamento*: as formas do discurso. São Paulo: Brasiliense, 1983.

PAIVA, José Eduardo Ribeiro. *Sonorização em multimídia*: técnicas específicas para a música digital. 2002. 186 f. Tese (Doutorado em Multimeios) – Instituto de Artes, Universidade Estadual de Campinas Campinas, 2002.

PALOMBINI, Carlos. Música concreta revisitada. *REM*, p. 37-62, 1999. Disponível em: <http://www.rem.ufpr.br/_REM/REMv4/vol4/art-palombini.htm#Riddell>. Acesso em 15 out. 2010.

PALUDO, Ticiano Ricardo. *Reconfigurações musicais:* os novos caminhos da música na era da comunicação digital. 2010. 309 f. Dissertação (Mestrado em Comunicação Social) – Pontifícia Universidade Católica do Rio Grande do Sul, Porto Alegre, 2010.

SADIE, Stanley (Ed.). *The new grove dictionary of music and musicians.* Nova York: Macmillan Publishers, 1995.

SCHAEFFER, Pierre. *Tratado de los objetos musicales.* Paris: Seuil, 1966.

SONORIDADE. In: DICIONÁRIO Michaelis de português on-line. Disponível em: <http://michaelis.uol.com.br/moderno/portugues/index.php?lingua=portuguesportugues&palavra=sonoridade>. Acesso em: 1 ago. 2014.

SONORITY. In: Oxford Advanced Learner's Dictionary. Disponível em: <http://www.oxforddictionaries.com/us/definition/american_english/sonority>. Acesso em: 1 ago. 2014.

CONSIDERAÇÕES FINAIS

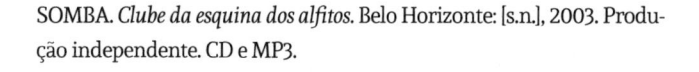

SOMBA. *Clube da esquina dos alfitos*. Belo Horizonte: [s.n.], 2003. Produção independente. CD e MP3.

_____. *Cuma?* Belo Horizonte: [s.n.], 2007. Produção independente. CD e MP3.

_____. *Homônimo*. Belo Horizonte: [s.n.], 2014. Produção independente. LP, CD e MP3.

TAGG, Philip. *Introductory notes to the semiotics of music*. Liverpool: [s.n.], 1999. Disponível em: <http://www.tagg.org/xpdfs/semiotug.pdf>. Acesso em 3 maio 2010.

TOYNBEE, Jason. *Making popular music:* musicians, creativity and institutions. Londres: Oxford University Press, 2000.

TRAVASSOS, Elizabeth. Apontamentos sobre estudantes de música e suas experiências formadoras. *ABEM*, v. 13, n. 12, p. 11–19, 2005.

ULHÔA, John. 2011. Entrevista gravada em áudio concedida a Guilherme Augusto Soares de Castro. Transcrição Léo Dias. Belo Horizonte.

VAZ, Gil N. O campo da canção: um modelo sistêmico para escansões semióticas. In: VALENTE, Heloísa de AD. (Org.). *Música e mídia:* novas abordagens sobre a canção. São Paulo: Via Lettera/FAPESP, 2007. p. 11-49.

_____. Semiótica funcional da música. In: VAZ, Gil N.; MARTINEZ, José L. *O que é semiótica da música?* [S.l.]: Lista Musikeion, 1998. Disponível em: <http://dc376.4shared.com/doc/RGgr5N7Z/ preview. html#3>. Acesso em: 1 ago. 2014.

WAKSMAN, Steve. *Instruments of desire*: the electric guitar and the shaping of musical experience. 2. ed. Londres: Harvard University Press, 1999.

CONSIDERAÇÕES FINAIS

Este livro foi composto em Andada, fonte tipográfica projetada por Carolina Giovagnoli, e em Letter Gothic, de Roger Roberson. O projeto gráfico é da Entrecampo; e a impressão foi feita pela Gráfica Formato para Quixote+Do Editoras Associadas, em dezembro de 2017, com uma tiragem de 300 exemplares.

FUNDAÇÃO NACIONAL DE ARTES
funarte

MINISTÉRIO DA
CULTURA

BRASIL
GOVERNO FEDERAL